This Could
A Manifesto For A More Generous World
Be Our Future

我們的未來

獻給一個豐饒世界的宣言

顏希‧史崔克勒 Yancey Strickler 著　　沈志安 譯

作者序

　　我相信每個人都會憑著他們所擁有的知識和工具，盡心盡力地生活。這本書是一個人的謙卑嘗試，是藉由探索新的知識和工具，為我們當今和未來的世代賦予獨立自主的權力，以創造一個具韌性的社群和一個更美好的世界。

　　　　　　　　　　　　──顏希・史崔克勒，2022 年 1 月 19 日

作者序 ⋯⋯⋯⋯⋯⋯⋯⋯⋯⋯⋯⋯⋯⋯⋯⋯⋯⋯⋯ 3

目錄 ⋯⋯⋯⋯⋯⋯⋯⋯⋯⋯⋯⋯⋯⋯⋯⋯⋯⋯⋯⋯⋯ 5

引言 ⋯⋯⋯⋯⋯⋯⋯⋯⋯⋯⋯⋯⋯⋯⋯⋯⋯⋯⋯⋯⋯ 7

PART 1

第一章　一個簡單的想法 ⋯⋯⋯⋯⋯⋯⋯⋯⋯⋯ 19

第二章　不左轉原則 ⋯⋯⋯⋯⋯⋯⋯⋯⋯⋯⋯⋯ 35

第三章　為什麼全部都一樣 ⋯⋯⋯⋯⋯⋯⋯⋯⋯ 55

第四章　鯔魚頭經濟 ⋯⋯⋯⋯⋯⋯⋯⋯⋯⋯⋯⋯ 75

第五章　陷阱 ⋯⋯⋯⋯⋯⋯⋯⋯⋯⋯⋯⋯⋯⋯⋯ 105

PART 2

第六章　什麼才真正有價值？ ⋯⋯⋯⋯⋯⋯⋯ 127

第七章　便當原則 ⋯⋯⋯⋯⋯⋯⋯⋯⋯⋯⋯⋯⋯ 143

第八章　愛黛兒巡迴演唱會 ⋯⋯⋯⋯⋯⋯⋯⋯⋯ 171

第九章　完美倒立的方法 ⋯⋯⋯⋯⋯⋯⋯⋯⋯⋯ 195

第十章　價值觀最大化階級 ⋯⋯⋯⋯⋯⋯⋯⋯⋯ 213

謝辭 ⋯⋯⋯⋯⋯⋯⋯⋯⋯⋯⋯⋯⋯⋯⋯⋯⋯⋯⋯ 245

譯者後記 ⋯⋯⋯⋯⋯⋯⋯⋯⋯⋯⋯⋯⋯⋯⋯⋯⋯ 254

附錄

便當原則的起源 ⋯⋯⋯⋯⋯⋯⋯⋯⋯⋯⋯⋯⋯⋯ 258

延伸閱讀 ⋯⋯⋯⋯⋯⋯⋯⋯⋯⋯⋯⋯⋯⋯⋯⋯⋯ 268

註釋 ⋯⋯⋯⋯⋯⋯⋯⋯⋯⋯⋯⋯⋯⋯⋯⋯⋯⋯⋯ 271

索引 ⋯⋯⋯⋯⋯⋯⋯⋯⋯⋯⋯⋯⋯⋯⋯⋯⋯⋯⋯ 293

引言

一切得從一則頭條新聞說起。

當時是秋天，我跟太太和兒子在紐約市中心散步，眼角餘光瞥見這則頭條——

「解放軍預計在2050年成為世界級的軍隊。」《中國日報》（China Daily）頭版斗大的標題這麼寫著，標題底下有一張習近平總書記跟一列中國解放軍士兵的照片。

2050年，年份躍然於眼前，看似遙遠，又不會太遙遠，距離2018年還有三十三年。**我那時候應該還活著吧。**

忽然，有個念頭從腦中蹦出：當中國大張旗鼓地為2050年計畫之時，我的國家，美國，卻還無法決定要不要付當月的帳單。

2050年的我們會是怎樣的光景？

我無法停止思考這個問題。

＊＊＊＊

這本書會提供一個解決方案，但並不是唯一的解答，只是許多答案中的一個。不過在繼續談2050年之前，讓我們先搞清楚現在在哪。

今日的世界被一個叫做「財務利益最大化」（financial maximization）的想法給主宰。大家都相信不管做什麼樣的決定，只要可以賺最多錢就是最好的決定，這個預設想法主宰我們的世界。

在商業、經濟、金融等領域，追求財務成長的重要性不言而喻，因為賺錢的重點就是要賺更多啊！

不過最近幾十年出現的財務利益最大化與以往不同，它的規模與影響力從來沒有如此巨大過，追求財務利益最大化已經主宰許多組織、機構，甚至是我們的夢想。錢，漸漸變成唯一重要的事。

《魔球》（Moneyball）跟《大賣空》（The Big Short）的作者麥克‧路易斯（Michael Lewis）寫過一本叫做《老千騙局》（Liar's Poker）的書，內容描述他在80年代，即財務利益最大化的概念正要起飛之際，在華爾街的工作經驗。路易斯寫到他的交易員同事都認為「任何可以讓他們賺大錢的東西一定也對世界有益」。不管他們的行為是創造工作機會或是毀掉別人的工作機會，兩者都沒差，唯一重要的，是他們可以從中大撈一筆。

財務利益最大化對社會有巨大的影響力，它讓我們深信不管做什麼決定，最正確的就是可以賺最多錢的那個，完全不考慮善惡的問題。在財務利益最大化這位魔鬼終結者的思維裡，善惡好壞這些問題，根本狗屁不通，它只在意「更多」或「更少」的問題，**而且它永遠不滿足。**

隨著財務利益最大化概念的增長，它的影響力早已經突破財務的疆界。在越來越多的領域裡，我們越加根深蒂固相信任何問題的正確解方，就是可以賺最多錢的那個，其他價值自動退居第二位，甚或銷聲匿跡、不屑一顧。

專注在財務成長並沒有錯，沒有財務安全，人跟組織的壽命都會縮短，這樣不好。錢的確很重要，但它不是我們應該守護及提升的**唯一**價值。

財務利益最大化以三個假想困住了我們：

1·生命的目的就是要取得最大的財富；

2·我們深陷在一個充滿對立的世界，以及

3·這個情況是無可避免且永無止盡的。

我們認為這些想法是真理，但事實並非如此，這些想法只是過去的世代提出且接受的，這些假想使得我們分裂、無能為力，並且限制了我們對未來的想像。若想要擺脫現況，就得重新檢視這些想法。

＊＊＊＊

本書談的是一個簡單的想法。

要是我們能夠接受更寬廣的價值，匱乏的世界可以變得更豐足。

我們明白生命中有許多很寶貴的事物，比如說愛、社群、安全、知識、信仰，但我們卻只允許單一價值——也就是錢，來主導一切。我們有機會能創造出一個更慷慨、正派或是公平的社會，但把金錢視為一切的想法限制了發展，使得我們無法突破。

像這樣的討論在過去是很邊緣的話題，但近年卻成了主

流，2019年，福斯新聞（Fox News）的塔克・卡爾森（Tucker Carlson）在他主持的黃金時段節目中，滔滔不絕地講了十五分鐘，嚴厲質疑財務利益最大化。他說：

「未來某一天，唐納・川普（Donald Trump）會不存在，我們其他人也會消失，國家會繼續留下來，到時候這裡會是什麼樣的國家？我們想要子孫們過什麼樣的生活？這些才是唯一重要的問題。

答案很明顯，對以前的美國來說，最重要的目標是過得更繁榮，意思就是更便宜的消費商品。但還是如此嗎？還有人依然相信更便宜的iPhone或是更多亞馬遜（Amazon）快遞來的中國製塑膠垃圾，會讓我們快樂嗎？現在看來並沒有。很多美國人家裡東西多到爆炸，而吸毒和自殺導致很多地區的人口減少，任何覺得GDP（國內生產毛額）可以反映出國家健全富強的人都是白痴……

許多執政者唯利是圖，不覺得要向自己領導的人民負責，他們是當沖操盤人、代課老師，他們只是路過，根本不在乎自己的職責。而且很明顯，他們解決不了我們的問題，或者說，他們壓根兒沒想過要了解我們的問題……

對統治階級來說，更多的金融投資永遠是解答。他們教導我們，為沒有靈魂的企業付出生命，比起養育自己的小孩來得更加高尚……

市場資本主義不是宗教信仰，它跟釘槍或烤吐司機一樣，都只是工具，要是你崇拜自己的工具，那你就傻了。我們的系

統是人類為了自身的福祉所創造出來的，我們存在的目的不是為了服務市場，而是剛好相反。會影響、破壞家庭的經濟體系不值得存在，這樣的體系是健全社會的公敵。」

生活在這樣的政治場域裡，人們感受到財務利益最大化已經使得我們走偏。

本書提出我們真正該做的事情是：擴展我們的價值觀，不再讓財務利益最大化成為驅動人類活動的主要力量。

目標不在於擺脫金錢，不在於去除貪婪，也不在於反對利益，目標是一個不一樣的世界，在這世界裡，像是社群、知識、目的、公平、安全、傳統以及未來需求等等的價值，必須在我們面臨每日大大小小的決定中，佔據合理的份量，而不是認為，能賺最多錢的決定，就是好決定。

這樣的未來是可能的，我也相信這樣的未來可以比我們想的還要快來到。2050年的時候，我們可以超越財務利益最大化，讓我們的合理價值得以用不同的方式拓展。

2050這一年，不只是出現在報紙頭條上的一個整數而已，它代表的是從現在開始的下一個世代。從現在開始的三十年，三十年，剛好足以審慎思考未來巨大的改變。

網際網路花了三十年打造完成；從沒人重視運動，到四處都有健身房和瑜伽教室，同樣花了三十年的時間；多數人也是花了三十年才成功戒菸。複利法則指出，每一年的一些小改變加總起來，會隨著成長，產生強大動能。

三十年後的今天，也就是2050年的時候，世界首次由千

禧世代[1]和Z世代[2]所主導。這兩世代的人在很多地方都值得關注，其中包含他們是網路問世之後成長的第一代、對於他們所繼承的世界有著強烈的不滿。根據2014年哈佛政治學院所做的一份調查指出，十九到二十九歲的美國人當中，只有不到一半的人支持資本主義，而且其中僅有19%認為他們是資本主義者。

這兩世代的人有非常大的機會，甚至是有責任，謹慎思考他們要帶領我們去哪裡。三十年其實沒有那麼遙遠，會比我們想的還要快到來。

在三百年前，人們不是貴族就是平民老百姓，每個人都可以擁有權利的想法，就跟2016年的自駕車一樣——理論上很酷，可是跟現實差距甚遠。當時無法想像有錢人會願意分享權力；要開公司，還得上議院請願；兒童得長時間做苦力。

然後關於世界可以如何運作的新思維誕生，並散播開來。法國大革命、美國獨立宣言、亞當·史密斯、馬克斯、披頭四、嘻哈音樂、《星艦迷航記：銀河飛龍》，轉眼之間便來到眼前。那是個非常不同的世界，而且離我們並沒有那麼遙遠。

2050的世代將引領我們前往何方？我相信擴大我們對於

1 **千禧世代**　指1980年代和1990年代出生的人又稱Y世代。

2 **Z世代**　特指在1990年代末至2010年代前期出生的人。

價值的定義是可以努力的目標。

如果我們願意接受更寬廣的價值，世界上的公平、精益求精、目的、社群、知識、家庭、信仰、傳統和永續會擁有無限成長的潛力，我們可以運用為了財務成長發展出來的技巧與工具來支持並保護更寬廣的價值。這是一條進化的道路，我們不必大破也能大立。

* * * *

我算老幾，輪得到我在這邊跟大家說教？

等等就會跟大家分享我的故事，但你要知道，我不是經濟學家，也不是歷史學家，我只是接下來要探討的許多領域當中的普通老百姓而已。本書沒有要企圖提出一個沒有任何漏洞的法律論點，我也做不到。如同書名，本書是一則宣言；一個根據數據資料、歷史事件和我個人經歷所提出的論點；一個看待世界的新方法。

本書分為兩個部分。

第一部分會探索我們是如何走到今天這一步的，包含財務利益最大化怎麼產生，以及它是如何重塑我們的社區、政治，甚至是電影和購物中心。

第二部分提出一個思考價值的新方法，我會用流行歌手愛黛兒（Adele）、三分球、醫學的歷史，來展示當我們找到看待價值的新方法，會發生什麼事情。也會提到為何日式便當盒

（Japanese lunch box）可能是我們解脫的祕密。最後一章後面有附錄和廣泛的註釋，進一步探討本書背後的想法跟思辨過程，提供本書的資料和數據出處，也分享閱讀清單和接下來的行動步驟。

我對本書最大的盼望就是：某個人，或許就是你，會認為這些想法是值得推廣、參與並落實的。從這個點出發，你的想法、我的想法、這些概念的源頭，便能互相激盪，至此，更好的生活方式就能實現，未來的世世代代，可以活在一個更理解價值的世界。

可以說是發大願了。但是希望你讀完這本書的時候，我能夠說服你，這是一個可以實現的願景。當你知道目的地所在，你會驚訝，願有多大，力就有多大。

第一章

一個簡單的想法

說書人總會講自己的故事，各位不妨也在一開始先聽聽我的吧。

1978年我出生於維吉尼亞州的西南方，媽媽在地方大學當祕書，爸爸是必須出差賣水床的業務員，也是音樂家。

父母在我三歲的時候離婚，幾年之後媽媽改嫁，我們搬到附近一個叫三葉草山谷（Clover Hollow）的農場居住，我就在那裡長大。

媽媽、繼父和我都是福音教派的基督徒，我們去的教會大家會在走道跳舞、說方言[3]。牧師講道的時候，強調生活要服侍上帝、敬愛彼此，也會談到周圍世界的險惡。直到六年級之前，我讀的教會學校每天都要上查經課[4]。

我成長的地方多數人都這樣生活，即便如此，我還是無法融入。我不會踢美式足球；是極少數幾個會在狩獵季第一天還去上學的男孩；我被霸凌過，在校車上會有男生把口香糖黏在我的頭髮上、拿可樂罐丟我、對我吐口嚼菸草；他們常常用歧視同性戀的字眼嘲笑我，搞到連我都懷疑自己是同性戀──只是還不知道而已。真是一段難熬的歲月。

可是我有理想、有抱負，我夢想成為作家。大學畢業後，我便搬到紐約逐夢，靠的是在學期間於汽車旅館輪大夜班櫃台人員、在學校當技術人員，半工半讀賺到的二千五百美元。

雖然不知道為什麼，但我辦到了。我有一份低薪卻很棒的工作：替廣播電台把新聞報導寫成簡短的新聞快報，雖然之後被資遣了（後面會細談）。我拿到寫作生涯的第一份薪水：在

《村聲》（The Village Voice）發表樂評，賺到了七十五美元。雖然距離成為最棒、名氣最響亮的樂評還很遙遠，但這十年間，它成為一份得心應手的工作。我的夢想實現了。

接著Kickstarter（群眾募資平台）出現了。

在2001年底還是2002年初，陳佩里（Perry Chen）有了關於Kickstarter的構想。2005年我們在紐約認識，很快變成好朋友，過沒多久，佩里跟我分享他的想法：一個可以讓人們藉由創意向大眾募集資金的網站。其實就跟找贊助廠商一樣，只是錢是從網友那邊來，而不是像十六世紀的來源是教宗和有錢金主，更不一樣的是，要是專案在截止日期前沒有達到目標的募資金額，就拿不到錢。

記得一開始，我並不喜歡這個概念。我跟佩里說，這會讓人聯想到《美國偶像》（American Idol）這個選秀節目，但幾番討論之後，我還是加入了。佩里擔任執行長，我是共同創辦人兼社群總監，不久後，查爾斯·安德樂（Charles Adler）也加入了我們，成為共同創辦人和設計總監。除了我們三個之外，還有許多人一起拼命打造Kickstarter，讓它能夠在全世界

3 **說方言** 指流暢地發出一些讓人難以理解的聲音，為基督教活動的一部分。

4 **查經課** 即仔細研究、討論、考察《聖經》，明白其中的意涵。

展露頭角。

從2009年Kickstarter創立，到我寫下這段話，已經有幾十億美元的資金透過Kickstarter進到了靠創意工作的人的口袋裡。因為Kickstarter，超過十萬個新創意得以存在。艾未未（Ai Weiwei）的公共藝術、獲得奧斯卡獎的電影、贏得格萊美獎的專輯、科技的新領域，還有上千本書、藝術作品和其他創意專案，都是靠Kickstarter創造出來的。

現在Kickstarter是全世界都認可的工具，但以前沒有任何一樣東西跟它類似。打從一開始，我們就只專注在幫助實現創意專案，我們不想什麼都做、討好所有人，目標是要做真正有意義的事情，並且堅持一直做下去。我們曾經公開說過，絕對不會賣掉公司或讓股票上市，只堅持做對Kickstarter使命最有利的事，而不是對我們最有利的事情。

跟矽谷很多狂燒現金的公司不一樣，我們刻意維持小規模運作，只為了實現我們的目標。Kickstarter成立十四個月後，就開始獲利，旗下的一百多位員工在辦公室裡上班，我們沒有房東，因為辦公室是公司好幾年前在布魯克林買下的一間舊鉛筆廠。

就是這樣的獨立精神，讓Kickstarter得以成為一間公益公司（public benefit corporation, PBC）。所謂的公益公司，還是一間營利公司，在合法範疇內，致力平衡股東利潤及產生社會的正面利益。Kickstarter在2015年成為公益公司，針對營運方式和影響力訂下很明確的高標準，並且跟巴塔哥尼亞（Patagonia）並列最著名轉型成功的公益公司。

　　Kickstarter啟發了群眾募資產業的廣度，雖然我們不是第一個群眾募資網站，但其他募資網站的外觀、給人的印象和功能都是根據Kickstarter發展出來的，很多線上的政治獻金募款也是（不好意思呀）。

　　群眾募資的概念現在很好懂：一群人把小量的金額累積起來，打造一個集體行動。現在看起來跟呼吸一樣自然。

　　以前根本不是這樣的。有人想募款，大家就給錢的想法現在看起來很正常，可是十幾年前我跟別人講的時候，大家都覺得很奇怪。

　　我還記得跟潛在投資人、創作者以及其他人會面，希望他們能夠認同我們時的光景，很多人認同，有些人則是直接給閉門羹吃。

　　他們會說：「沒有人會給把錢給陌生人，世界不是這樣運作的。」

　　這些人會叫我們把Kickstarter搞得比較像投資。「讓我看看預期的財務成長空間，真實的世界，大家都是這麼玩的。」

　　這正好就是我想改變的世界。我想擺脫這樣的世界：任何創意想法都只能根據它能替別人帶來多少賺頭，來證明它的存在價值。真是目光如豆，見識狹窄啊！

　　不考慮「現實世界是如何運作的」，讓我們的思維跳脫了事物的樣貌；不考慮現實，讓我們看到更廣闊的可能性。

　　十年過去了，就如同我們一開始想的那般，數十億美元的

資金已經轉手，幾千萬人親身體驗群眾募資。透過Kickstarter、GoFundMe等群眾募資網站，一個建立在人們大方支持其他人或是創意想法的全新經濟模式就此成行。

站在當下看未來，視野會太過狹窄。往往都是如此。

* * * *

群眾募資遠遠超越了人類理所當然的概念。

現在很難想像世界上不存在這樣的事物：鋼琴的樣子、早餐為什麼喝柳橙汁、你正在閱讀的字體形狀。我們覺得這些東西「本來就這樣」，可是這些事物的概念都是由你我這樣的人創造出來的。

我從小就相信井然有序的世界，一切事物都是合理、有意義的，沒必要擔心，歷史是合乎邏輯的，當權者都很清楚他們在幹麼，一切都會好好的。

我們或多或少地相信這樣的世界，但這不是真的。

事情的真相是，一切都是人創造出來的，就跟Kickstarter一樣，是人創造出來的。某些人有了一些想法，接著嘗試落實，如果其他人也開始相信這個新的想法，那麼想法就會變成真的東西。

你知道擊掌（high five）是在1977年一場棒球比賽中被發明的嗎？

「這是一個瘋狂的、勝利的時刻……格倫‧伯克（Glenn

Burke）在打擊準備區等待，他超興奮的，使勁地把手高舉過頭，熱情迎接衝回本壘的朋友。達斯蒂・貝克（Dusty Baker），不知道該怎麼反應，就伸手拍了一下。貝克說：『他的手舉在空中，手臂向後伸展，所以我也把手舉高，跟他擊掌，好像就該這麼做。』」

在討論新想法的時候，你會常常聽到這句話：「好像就該這麼做。」就像人們擊掌一樣，如果其他人也認同的話，它就真的變成了一件事。不需要委員開會表決，也不需要印章批准，沒有什麼偉大的設計概念，就只是單純地產生了。

事情的真相是，根本沒有什麼秩序可言。現況之所以持續，是因為人們每天醒來，持續相信這些想法，或是這些想法早已根深蒂固，我們早已不覺得他們是什麼特別的想法了。

道理很好懂，但也很難接受，至少對我來說是這樣。我很清楚這道理，但人生大半輩子裡，我都沒有真正去理解它。

然後 Kickstarter 成立了。我，這位來自維吉尼亞州鄉村農場的普通老百姓，竟在世界上掀起一陣漣漪，它讓我看到事物其實遠比我過去所相信的，還要來得脆弱不堪。

一旦我開始以這種方式看待這個世界，就再也回不去了。

* * * *

我在2015年應邀到愛爾蘭都柏林的大型科技會議上演講，會議叫做網路高峰會（Web Summit）。好幾萬人會出

席，我得成功出擊。

我在這場演講中撒下這個想法的第一批種子。我們的社會裡有一小撮人，每天把我們看的電影、聽的音樂、住的社區、我們的一切，當成投資組合在操作，我們的世界已經被無法滿足的金錢需求取代了，貪婪，只為了要賺更多的錢。

我在這場二十分鐘的演講，向會場內的幾千名科技人員大聲疾呼，要他們重新思考我們的運作方式，我們不能接受正在發生的事情是不可逆的想法，我們必須重新找到一條出路。我提議背棄這些力量，創造新的道路，我用Kickstarter當例子，來說明事情可以怎麼改變。在不追求財務利益最大化的情況之下，我們堅持理想，獨立運作，要是公司願意做出不同的選擇，就有機會辦得到。

通常我會在台上推廣人們多多使用Kickstarter，結果我那天是在推廣什麼概念啊？我是在反推廣嗎？有誰聽得進去？這些都不是在台上應該講的話。

我演講從來沒這麼緊張過，但遠比恐懼更強烈的是一種信念，也就是，如果連我這位知名公司的CEO都願意將在台上的寶貴時間拿來談論這些概念，那麼這些概念一定比任何東西都還來得重要。我會感到害怕就是因為，演講內容可以對其他人產生真正的意義。

之後我遇到一些台下的聽眾，他們很感動有人能把這個概念說清楚、講明白，他們的回饋鼓舞了我去做更多的分享。不管是巴賽隆納、柏林、倫敦、墨西哥城、挪威、首爾、東京、

紐約、奧蘭多、芝加哥還是密西西比州傑克遜，從每一場聽眾的眼神中，我都發現了一個類似的渴望：嚮往能用新的方式思考未來。

＊＊＊＊

Kickstarter為我開了一扇獨特的窗，讓我看見想法是怎麼運作的，無論是透過共同打造平台的經歷，還是看著成千上萬的想法透過平台成真。

我們剛開始跟別人介紹Kickstarter的時候，沒辦法跟他們說我們網站就像哪個平台一樣。還要好幾年大家才會普遍認識「群眾募資」這個詞，我們只能靠文字，好好描述這個概念，讓他們能夠理解、可以因此興奮激動起來。

這非常不簡單，記得我稍早說過，連我第一次聽到這概念的時候都不喜歡。可是啊，你講越多次，你就越能了解到它哪裡行得通、哪裡行不通，透過反覆練習，我們學會用人們可以接受的方式來談論Kickstarter。

講到後來我甚至可以知道，對方是什麼時候開始沒在聽的。我在解釋概念的時候看著他們眼神飄走，內心嘀咕著：「喔不，他們飄走了。」接著我會做個筆記，找到更好的方法讓我下次闡述內容時可以講得更好，或是轉移話題，重新吸引他們的注意力。

有時還是得跟懷疑論者談話的，比如那些希望看到專案增

值的潛在投資者，但也有很多早期就相信我們的人，尤其是那些創業過的朋友很快就懂了。他們早遭遇了Kickstarter想要幫他們解決的問題；他們親身體驗過找錢、找投資人的困難過程，因此，Kickstarter最早期的投資人，有些是來自創意人的圈子，並非巧合。

在2009年Kickstarter推出的隔天，我寫了一篇部落格文章，標題是〈為什麼要選擇Kickstarter？〉（Why Kickstarter?），內容是這樣的：

> 披頭四（The Beatles）幾乎被所有的唱片公司拒絕。
> 喬治・盧卡斯（George Lucas）找不到一家願意拍
> 《星際大戰》（Star Wars）的電影公司。《華盛頓郵
> 報》（Washington Post）的鮑勃・伍德沃德（Bob
> Woodward）和卡爾・伯恩斯坦（Carl Bernstein）
> 是唯二被派去報導水門事件的記者。約翰・甘迺迪・
> 涂爾（John Kennedy Toole）進墳墓時，《笨蛋聯
> 盟》（Confederacy of Dunces）還沒出版。
> 像這樣的趣聞軼事都已經成為民間傳說了，這些故事
> 帶來的啟示都一樣：好的想法得不到認同；行家看走
> 眼；堅持不懈終究會成功。都沒錯，但同時也值得我
> 們想想，這種會出這麼大紕漏的評判方式，是不是已
> 經過時了呢？可不可以單純只讓人們看到想法本身已
> 經很棒了？好的想法，加上滿滿熱情與精心設計，是

不需要任何人把關點頭才能成功的。

籌措資金（如果你不認識有錢叔叔、沒有可以讓你不用努力的好心阿姨）的挑戰在於，大家只看有沒有利潤，是不是一定有賺頭。多數人看的，不是藝術、熱情、天分，也不在乎它是不是發人省思、令人難以置信的好故事。

Kickstarter成立的目的是給每個人一個贊助自己創意的機會，從最親近的人（朋友、粉絲、社群朋友）開始出發，而這也是一種突破傳統靠貸款、投資、合約、補助經費的方式，讓我們發現，其實可以不需要透過中間人來決定產品和合約條件，就能為彼此的創作提供價值。

　　寫那篇部落格的當下，我其實不知道Kickstarter是否達得到這些崇高的目標，十年之後，它做到了，其他平台也做到了。Kickstarter和其他募資平台為贊助創意專案和想法創造出新的可能，而且現在都已經被接受並蔚為主流。

　　許多Kickstarter專案也都經歷了類似的轉變，從新的、未經證實的想法，變成大家都能接受的東西。

　　桌遊《毀滅人性卡牌》（Cards Against Humanity）一開始不過是幾百個人支持的Kickstarter專案；Oculus Rift（虛擬實境頭戴式顯示器）也是如此，它在Kickstarter開始進行專案募資時，還只是一個放在車庫的原型機；Pebble靠著一系列的

Kickstarter專案，研發出智慧手錶；好幾百家餐廳、電影院、畫廊和公共空間，今天能夠開門營業，都要感謝它們的贊助人和募資平台。這些專案跟Kickstarter本身一樣，一開始都只是個想法。

在Kickstarter成立的第一年，每一個專案我幾乎都親自審核。這些年來，我幫助過音樂家、藝術家、舞蹈家、遊戲製作人、科技專家、設計師和電影製片等等，讓他們得以實現任何想像得到的創意專案，我甚至指導尼爾‧楊（Neil Young）和史派克‧李（Spike Lee）這種等級的大師，讓他們更清楚群眾募資的專案是怎樣運作的。

2011年，我開始跟一位屢獲殊榮的紀錄片導演吉安‧紐潔姆（Jehane Noujaim）合作，資助電影《茉莉之春》（The Square），當時正值「阿拉伯之春」示威期間，她跟製作團隊在開羅的塔利爾廣場進行拍攝，電影製作人正在跟拍當時的幾位革命領袖。有一天，吉安傳了一段剛拍好沒多久的短片過來，裡面是攝影師遭政府的砲火壓制、躲在門後的樣貌，畫面隨著攝影師大口喘息而上下起伏。三年後，《茉莉之春》榮獲奧斯卡最佳紀錄片提名。

我已看過夠多的想法，不管好的壞的，所以我清楚知道哪些想法管用，哪些不管用。而我在跟世界各地的人討論財務利益最大化的時候，那種感覺就像在Kickstarter問世以前，跟創作者討論該如何得到贊助的挑戰一樣，我感覺得到人們普遍意識到問題的嚴重性。

很早以前，我在領導課程裡跟同學推薦這本書，一位來自緬甸的同學拿出皮夾，交給我二十美元，說他要買第一本的時候，我感覺得到；當密西西比州的一位牧師聽到我早期的想法，給予我鼓勵的時候，我感覺得到；當阿布達比的一位穆斯林男子感謝我捍衛非財務價值的重要性時，我也感覺到了。

執行力可以填補想法和現實之間的關鍵缺口，但執行力不是唯一的重點，還要有信念，必須要有人相信，想法才能變得重要。想法本身能做的事不多，需要有人支持、散播和執行才能成為現實。

我們當中有越來越多的人開始體認到財務利益最大化的侷限，這是很重要的，這是邁向改變，很有意義的一步，即便你不是權貴，不是執政者，這也是很有意義的一步。

在以前，只有教宗、國王、董事會成員和角落辦公室的高階主管是重要人士；但到了今天，我們每個人的聲音都很重要。只要學會如何發揮影響力，我們都有影響世界的力量。

＊　＊　＊　＊

或許我對於利益最大化的看法，理論上聽起來滿有意思的，也是一個很值得在聚餐談論的話題，但我相信它不只是這樣。無論我們是否準備好了，巨大的變化都將來到。

大規模增加的人口（到2050年全球約會有一百億人口，幾乎是2000年的兩倍）、日益嚴重的不平等、環境壓力和技術

革新正改變這個世界。光是人口增長和資源有限這兩件事加起來，就已經是找不到明確解答的大挑戰了。

可是呀，儘管海平面持續上升，物種持續滅絕，在這種情況下，我們還是優先思考要怎樣才能賺最多錢，我們看不到其他可行的運作方式。

我們親眼看著這場車禍，以為自己置身事外。**他們**，才是造成車禍的原因，**他們**，會把問題處理好，如果**他們**不處理問題，就得承擔後果。我們每個人都認為自己跟這一切無關。

我們置身事外，責怪別人，然後祈禱超人解決問題。會有天才想出淨化空氣和海洋的辦法，然後股神巴菲特（Warren Buffett）和歐普拉（Oprah）會佛心地掏錢買單，更棒的是，我們後來發現原來史蒂夫‧賈伯斯（Steve Jobs）不為人知的最後一項產品是，讓每個使用者能夠擁有超乎想像的洞察力，得以藉此解決一切問題的設備。他的最後遺言「哦，哇。哦，哇。哦，哇」，也是新服務 iUs[5] 的第一句話，他最後的用戶體驗計畫。

但是希望不能當計畫，把念阿彌陀佛當成對策，你早就輸了！然而面對眼前的大問題，我們卻表現得似乎沒有任何東西是值得努力的。

道德哲學家威爾‧麥卡斯基爾（Will MacAskill），曾經分享過一個關於人類到底有多老的見解：如果你把智人種（Homo Sapiens）和地球上的其他物種相比，會發現人類實在太年輕，目前年紀等於只有十歲，連青春期都還沒到。意思

就是說，人類應該還會存活好幾萬年，但大家卻表現得好像末日即將來臨，要趕緊進行最後的狂歡，誰在乎是否有人收拾善後呢？

人類怎麼這麼瘋啊？我們短視近利地看著未來，但其實未來還有那麼長遠。

我不相信這個世界會毀滅，也不覺得世界沒希望了。

世界總是在變得更好，只是不容易察覺。觀察這些變化就像觀察草的生長，當下看不見，但變化總是在。

當社會發生重大變化，人們會發現，這個世界並不如他們想像那般穩固。Kickstarter讓我謙卑地學到更多，並改變了我，我的視野不一樣了，可以更清楚地看見這個世界的本質。

我希望在接下來的章節裡，能夠帶給你相同的感受，讓你看見不一樣的世界。

5 iUs　蘋果公司許多的產品及服務都是以i作為開頭，例如iPhone，iPad、iWork等等，此為作者假設有一樣新服務為iUs。

第二章

不左轉原則

想像你上班通勤時的景象。

你坐上了駕駛座，從私人車道倒車，開出家裡的巷子，進入外環快速道路開個二十分鐘，再五分鐘之後，進到停車場。

現在回想一下，抵達公司這一路上，你在右手邊看到了哪些店家？

大部分美國人從住宅區到商業區的通勤路上，會在右手邊看到加油站、星巴克、甜甜圈店，或是其他早餐餐廳的得來速入口──大家早上會想要的那些東西。

現在想想回家的路途，在右手邊又看到什麼呢？

同樣的這群美國人，在通勤返回住宅區的路上，很可能會看到右手邊有購物中心、超市還有餐廳──大家下班後會想要的那些東西。

商家考慮車流順向或逆向以決定開店的位置，是根據一個叫做「不左轉原則」的零售市場策略。

在零售領域當中，幾乎沒有什麼是比自來客更重要的事情，而吸引自來客上門最重要的關鍵因素之一，就是店家在街上的位置。

目標是每天在對的時間點，讓顧客自己右轉上門。像咖啡店這種上班前做的生意，應該開在早上通勤車流的右手邊；像超市這種下班後做的生意，就應該開在傍晚車流的右手邊。

人們右轉比左轉的機會要高得多，左轉會跟車流逆向，所以往往要花上好幾分鐘才能迴轉，多數人沒有耐性等左轉。多虧零售業的優化設計，因此右轉比較快，也比較安全，也因為

這樣，交通相當統一、順暢。

你是否曾經遇過，下了高速公路想要加油，但卻發現加油站都在對面的情形？

這就是不左轉原則的影響，你開的方向與這個規則設定的車流方向正好相反。

提問：顧客為什麼要過馬路？

解答：根本不用過馬路呀。

隱藏預設

不左轉原則是一個隱藏預設的例子，一股看不見，卻能改變我們行為的影響力。隱藏預設是一種非常微妙、能夠指引我們的推力，如同哈佛法學院教授凱斯・桑斯坦（Cass Sunstein）所描述的，他們就像停車場地上畫的白線。當今世界上充滿了這樣的隱藏預設，其來有自：它們十分有效。

拿器官捐贈的比例當例子，你可能會預期一個國家文化對死亡的價值觀，會對人們是否願意捐贈器官造成影響，但事實上，我們並不是那麼自主地做出選擇。

下列圖表是歐洲各國人民選擇器官捐贈的百分比：

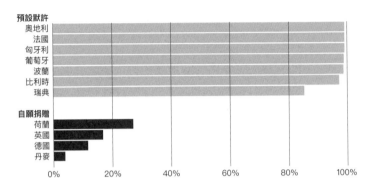

器官捐贈比例

資料來源：約翰與戈斯坦，2003年（JOHNSON AND GOLDSTEIN 2003）

　　有沒有發現一些相似的國家之間，像是奧地利與德國，捐贈比例卻有極大的差異。難道奧地利人與德國人對於死亡的價值觀有那麼大的差距嗎？

　　並沒有，其實這純粹只是他們填寫的問卷不同而已。奧地利公民填寫的問卷，原始設定就是預設要捐贈器官；而德國的問卷，原始設定則是沒有預設要捐贈器官。

　　我們大多傾向照著已經為我們安排好的預設來走，不管這個設定是什麼。

　　擁有健身房會員的人，當中有67%即便都沒去運動健身了，還是選擇保留會籍；只有0.28%的人會去點選「我不要收到廣告行銷郵件」，意味著99.7%的人都是被動地選擇接收垃

坂信件。

　這是過去五十年間，美國眾議院的連任比例：

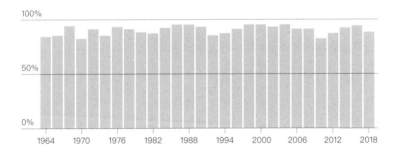

資料來源：政治互動中心（CENTER FOR RESPONSIVE POLITICS）

　你或許會想，現任眾議員享有各種結構上的優勢，他們的職位讓他們能幫選民做事，因此募款對他們來說相對簡單，知名度也比較高，這跟隱藏預設有什麼關係呢？

　沒錯，就是這樣。隱藏預設不是突然發生，而是日漸累積、培養、發展而來，經過人們運用知識與權力，才日漸調整成對他們有利的樣子。

　隱藏預設的調整，有的合情合理（左轉比右轉危險、健康的器官可以幫助器官不健康的病人），但有些就不怎麼符合情理了，你等等就會知道。

　下面是剛剛那份連任的比例圖表，來，我們再放上這些國會議員的施政滿意度調查結果。看到其中的規律了嗎？

即便我們的滿意度低，卻仍舊依賴最根本的隱藏預設[6]。預設，讓我們乖乖服從。

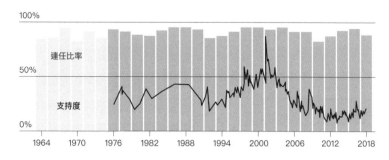

美國眾議院連任比例對比支持度

資料來源：政治互動中心

這就是我們都習慣跟著預設走的證據，即使我們不喜歡這些預設，依舊感謝它們的存在，因為這樣就不用再多花心思、可以少一件需要掛心的事情。

財務利益最大化的隱藏預設

有些預設我們看得到，也可以改變，例如選擇不需要用紙的信用卡電子帳單，又例如調整手機電腦的通知設定，但有些預設我們根本看不見。

大衛‧福斯特‧華萊士（David Foster Wallace）的故事可以清楚闡述這個概念：

一條老魚和一條小魚在海裡游著。

老魚說：「今天的水如何啊？」

小魚回答：「水是什麼？」

要看清楚這個世界的本質並不容易，要是可以像金·凱瑞（Jim Carrey）在電影《楚門的世界》（The Truman Show），伸手摸到牆那樣具體地感受世界就好了。可惜，事與願違。

隱藏預設和我們息息相關，它就是形塑我們國家和族群的習俗、傳統和社會規範，比如說出生、結婚、死亡的相關儀式，又比如說為什麼在某個場合要穿某種特定顏色。我們都活在這樣的故事框架之中，而這股牽引我們的生命之流，卻常常為人忽略。

丹尼爾·康納曼（Daniel Kahneman）、阿摩司·特沃斯基（Amos Tversky）、丹·艾瑞利（Dan Ariely）、艾利斯·伯內特（Iris Bohnet）和其他幾位行為經濟學家，曾證明我們有多容易被影響。特別是在我們完全沒意識到的時候，我們的選擇很容易被操弄，而這就是隱藏預設的棲身之處。

康納曼和特沃斯基透過研究心錨（anchoring）和偏見來展示研究內容，我們是如何被一個字，或是沒什麼意義但卻難

6 **最根本的隱藏預設** 2000年後施政滿意度下滑，可是連任比例卻沒受到影響。

忘的資訊，改變我們的行為模式。艾瑞利則展示了情緒如何影響選擇，還有像是「免費」這種字眼是怎麼改變我們的思維。我們總是相信自己的舉動是建立在客觀事實上，但其實我們常常被隱藏預設牽著鼻子走。

本書特別關注其中一個隱藏預設，這股力量雖然看不到，但對世界產生的影響力不亞於其他力量；這股力量如同地磁北極，吸引大家朝著那個方向走。

這個隱藏預設就是財務利益最大化。以財務利益最大化的原則來說，要做任何決定時，最合情合理的選擇，就是能賺到最多錢的那個。這就是隱藏在我們所有抉擇後面的根據，現代人生活中的右轉。

財務利益最大化界定了何謂合理發展的概念，可以說過去一個世紀以來，我們在衡量發展進步的核心指標，都是採用GDP，主要就是用來計算我們多麼擅長創造最大收益。不過，GDP雖然可以顯示出金錢的總額，卻無法判斷出金錢背後所代表的更大涵義。

一旦你了解到我們是如何衡量成功的，那麼很多事情就變得明朗了。

這解釋了為何美國認為導致62%美國人破產的醫療保健系統不用修正，醫療照護提供者、藥廠和保險公司能夠提高獲利，利用的就是這個極為繁複、令百姓傾家蕩產的醫療保健系統，他們得以從中獲得最大利益。

這就是為什麼現有的關鍵用藥價格不斷攀升，病患必須花

更多錢購買，而這些藥廠可以享受日益龐大的獲利。

這也是為什麼許多公司在2018年寧願把獲利挹注在股份回購，也不願投資在研發，或是提高員工的薪資。因為股東和股價才是第一優先，員工和未來沒那麼重要。

如同他們在研發過程中所言：你在乎什麼，就得到什麼。

＊　＊　＊　＊

我們本來就預期金融界會根據財務利益最大化的目標來運作，但創造最大利益的這信念現在也主宰商業之外的領域。

教育、政府、醫療照護以及科學領域，都漸漸受到財務利益最大化的思想體系驅使。過去專注在像是知識、服務、照護、探索等廣泛成果的各種機構，現在漸漸只剩下一個衡量標準：金錢。

用這個邏輯想像一下。

每個領域——教育、政府、醫療照護以及科學，都猶如巨大的石造建築，那種會在巴黎或曼哈頓看到的高聳入雲的宏偉建築。

奠定這些建築的基礎花了好幾個世紀，最早期的地基是靠《創世紀》、美索不達米亞和埃及的象形文字、柏拉圖的《理想國》、牛頓的定律等事物打造起來的。

建築物建造初期極為艱辛，每一塊磚塊都是重大的成就，然而隨著知識普及，建造所需的時間縮短，從幾百年加快到幾

十年。

　　每棟建築都融入各種心血，包含了催生該領域哲理和觀念的火種，以及緊密結合文化和價值觀的傳統與儀式，不斷分配著利益與知識的世世代代，還有夢想加入這個行列的年輕人。到了二十世紀的時候，美國已經把他們蓋的建築當成美國偉大的象徵。大家看見民主社會創造的這個奇蹟了嗎？是的，全世界都在讚揚著。

　　這不代表一切已經臻至完美。

　　建築物常常成為辯論的焦點，政治人物會為了營建工法、建材及其成員而爭辯。哪些應該囊括進來？哪些該排除？誰可以申請加入？需要具備什麼資格？

　　相信建築物已經竣工，跟還想要繼續增建的雙方，常常吵到劍拔弩張。新知識和新工法的出現，難免會威脅到現行的法則與秩序，這些爭論可能會點燃文化分歧之火，例如學校課程中要不要教授進化論，或者是幹細胞研究的道德問題到底該不該被討論。

　　時至今日，這些建築挺過了暴風雨，渡過許多難關，同時也與時俱進。但隨著二十世紀接近尾聲，時代的精神也改變了，一個新的能量開始取而代之。

　　現今的主流觀點注視著這一棟棟的建築，意識到教育、政府、醫療照護以及科學這幾棟大樓都很重要，也了解他們帶給社會的價值，緊接著分析了這幾個面向的優勢。

　　巨大的目標市場、龐大的潛在獲利，還有取得成本為何？

今日人們注視的不是機構本身，看的是資產，看的是錢，跟銀行搶匪分贓時的眼神一模一樣。

任何關於建築本身用途的討論、哪些地方需要修繕、哪些人依靠這些建築生活，在利潤分配的面前都相形見絀了。

每個領域的大樓的產物也淪於相同境地，像是教育和醫療照護等社會服務，過去只酌收象徵性的費用，現在都要價不菲。隨著建築體分割，然後轉手賣出，社會大眾就被迫要付出代價。

這就是被財務利益最大化的預設主宰所代表的意思，代表將我們的社會看成可以交易買賣的投資組合，好像從一位反社會人格的商業大亨的視角來看這個世界，所有的東西都有標價，什麼都可以用錢買到。

理性的源頭

這一切的開始，其實是很單純的。

蘇格蘭經濟學家、哲學家亞當‧史密斯（Adam Smith）在1776年提出，當我們相信人們能依照個人利益行事，社會就能發揮最大的作用。「我們有晚餐可以吃，不是因為屠夫、釀酒師、麵包師佛心來著，而是因為他們關心自身的利益。」這句名言，出自他的著作《國富論》（The Wealth of Nations）。

你不用去逼、去拜託屠夫當屠夫。因為他做的事情可以讓他謀生、滿足家人需求，不用你開口，他們自己就會去做了。

這是一個賦權自主的概念，社會可以建立在信任每一個人會照顧好自己的前提上，這樣的社會比較好。

史密斯相信人類個體意志的總和，會像一隻「看不見的手」，讓資本、土地、勞動者之間保持平衡。這個平衡會形成一個持續生產、重複投資、進步的循環，促進社會的福祉。

相當美好的概念，你不覺得嗎？

但請注意，史密斯沒有說，屠夫必須將屠宰豬隻的速度拉到最高、把標準降到可以接受就好的最低標，也沒說要給低薪、剝削工人，以謀取最大利益，好將這些錢交給公司高層和投資人。

然而，對許多現今的企業來說，這些策略是標準流程。所有投資人都預期企業就該這樣營運，很多人認為資本主義本來就這樣，要是一家公司不全力以赴賺取最大利益，投資人就會換上能賺到最多錢的新領導人。

亞當‧史密斯深信獲利的重要性，企業獲利能幫員工加薪、開發優質且獨特的商品及服務，也是社會最終能成長的推手，但他也認為企業不該只為了獲利而獲利。

主宰現今世界財務利益最大化的思維，跟史密斯講的是不一樣的東西，而且它是**最近**才出現的。

＊　＊　＊　＊

美國在1950年代初期，藉著第二次世界大戰躋身世界強

權。1940年代，美國首次（希望也是唯一的一次）在日本投下原子彈，原子彈釋放了前所未見的破壞力，然而更駭人的，是蘇聯也做出了原子彈。兩個國家針鋒相對，導致象徵著人類逐漸接近自我毀滅的末日之鐘也因而誕生，距離世界末日只剩兩分鐘。

國防部召集了許多菁英科學家和數學家組成一個名為蘭德公司（RAND Corporation）的智庫，旨在找出美國在這個全新的核子時代裡，必須具備的因應策略。

為了掌握局勢，眾多研究學者借力當時算是新穎的領域——賽局理論（game theory）。賽局理論應用數學模型，在競爭和各種戰略衝突中，鑑定出最理想、最合理的對策。

當賽局理論運用在與蘇聯核武對峙的情況中，科學家們能將美國各種不同的處理方法、以及蘇聯會如何應對納入考量，並且預測後續局勢如何演變。這能大幅擴展決策者的覺察意識，更清楚不同的策略選擇可能帶來的後果。

蘭德公司的科學家們設計了各種情境探究不同的衝突情況，許多情境是讓人們藉由互動遊戲的方式來展現。賽局理論遊戲當中最有名的例子，就是蘭德公司在1950年創造出來的「囚徒困境」，遊戲內容是這樣的：

你跟同夥搶劫了一家銀行，但雙雙被捕，並且被分別安置在不同的偵訊室裡，警方分別對你和同夥開出了一樣的條件：

如果你的同夥保持沉默堅決不吐實，但你願意招供他的罪行，你就可以無罪釋放，而你的同夥將入獄服刑三年。

如果你選擇保持沉默，但對方出賣你，你就得入獄服刑三年，而他則是無罪釋放。

如果你們都選擇出賣對方，就會一起入獄，刑期各兩年。

如果你們誰都不說，也會一起入獄，刑期各一年。

由於你們兩人分別在不同的偵訊室，沒辦法得知對方會怎麼做，基本上是不可能判斷出「正確」答案的，你只能根據同夥可能的行動做出最好的抉擇。

「囚徒困境」呈現出賽局理論當中，面臨無法預期的結果之時，什麼才是合情合理的概念。蘭德公司在1954年出版賽局理論書籍《老謀深算的策略家》（The Compleat Strategyst），作者在書中寫到：「賽局理論認為理性思考之人的行為模式是可以明確預期的。」

內容繼續寫到：

> 關於人們會有既定行為模式的這個概念，談的不是法律或道義上的責任，它關乎受數字主導的價值判斷，採取任何行動時至少要將損失降到最低。它主張的是，面對一個立場相反、技巧純熟的對手時，玩家最明智的目標，是盡可能從遊戲中安全地獲得最大的好處，這就是我們合理的行為模式。

根據這個合理的行為模式，囚徒困境的最佳策略會是什麼呢？答案是：出賣你的夥伴。某種程度上，這是你唯一能重獲

自由的方式。

　　選擇信任自己的同夥，等於把自己暴露在較大的風險之中，反之，只要顧好自己，就比較沒那麼危險。如果你看得懂這點，代表身處另一間偵訊室裡的夥伴，一定也理解這個邏輯，而被害妄想的循環就從這裡開始。

　　榮譽和忠誠這類的價值觀，促使我們在面對警方時團結相挺，然而按照這個新的理性思考來看待世界，就不見得正確了。對彼此忠誠太冒險了，合理的做法是先出賣夥伴。

　　但請注意，若是兩個人都選擇保持沉默，堅不吐實，所需要面對的刑期總和是較短的——與一個人要面對三年的刑期相比，兩個人加起來總共服刑兩年。這才是通盤考量之下最好的結果，但只有在兩人都選擇不去追求個人的最大利益時才有可能發生。

　　第一批進行囚徒困境遊戲的人之中，有一部分是蘭德公司的祕書。他們許多人選擇效忠於他們的夥伴，他們彼此之間的關係對於他們來說很重要，所以，這群祕書取得這遊戲最理想的結果。

　　根據賽局理論制定的理性思考模式來說，這群祕書的玩法不對，追求自己的個人利益才是合理的、應該要做的事。

＊　＊　＊　＊

　　蘭德公司出版《老謀深算的策略家》的目標，是在日常生

活中，擴大運用賽局理論。作者Ｊ・Ｄ・威廉斯（J. D. Wil-liams）寫道：「我們相信當賽局理論或是類似的東西，持續發展下去，有機會成為生活諸多面向的重要概念和力量。」

沒錯，賽局理論成為新的「超理性」思考方式的工具，一個把個人利益最大化合理化的思維觀點。

這個思考方式帶來的好處，正如同蘭德公司的科學家們所料，但也有副作用隨之而來，最明顯的，就是認為個人至上，甚至帶著恐懼與妄想來看待世界。

《老謀深算的策略家》的前幾頁，作者要我們想像跟其他四個玩家坐在一起打一局撲克牌，但是這邊作者突然補充，說其中有兩個玩家有可能「在牌局開始之前已經合作了，彼此同意無論輸贏，都共同計算」。在一場早已彼此敵對的牌局當中，用賽局理論的觀點來看，現在風險更大了，其他玩家已經密謀要出老千，這個牌局就是一個圈套。你打算怎麼辦呢？

這是亞當・史密斯個人利益概念的暗黑版本，對史密斯而言，個人利益是建立信任的工具，你可以信任屠夫會為了扮演好屠夫的角色，做出最好的選擇，結果這個相同的概念，卻被用來驗證不信任他人的合理性。你可以多相信這個屠夫？肉鋪子裡到底發生了哪些事？信任自己以外的任何人，很瞎耶！

這個心態引導著美國在冷戰時期對蘇聯的戰略部署。考量到當時面臨的危機，或許是明智之舉。但過沒多久，就如同賽局理論家們預測的一樣，這觀念很快就在日常生活中散播開來，每個人都身處在自己的迷你版冷戰之中，每個人都只為自

己而活，每個人都不信任他人。這是冷酷、嚴苛的現實人生，都有數學證明給你看了。

我們玩的遊戲

雖然囚徒困境合情合理，但它還是有盲點。它有自己的隱藏預設，強烈形成了優先追求個人利益的道德觀。

遊戲彰顯道德價值的關鍵地點是偵訊室，而不是什麼實際的人生大道理，偵訊室把玩家隔離在世界之外，所以並非真實世界。

如果要想像一下偵訊室外頭的情境，比方說，電影《線索》（Clue）的晚宴中，芥末上校（Colonel Mustard）和孔雀女士（Mrs. Peacock）必須決鬥，非得你死我活、分個勝負，那會有多荒唐。但若是他們透過合作讓警方摸不著頭緒，一起堅持活下去，還比較合理一些。

這也是真的，賽局理論當中，囚徒困境被歸類為非合作的遊戲，意思是遊戲的情境設定本來就帶有敵意。但另一個叫做「獵鹿賽局」（Stag Hunt）的知名賽局理論情境遊戲，合作才是合理的表現。

這個遊戲跟囚徒困境很像，玩家有兩個選擇：

獨自狩獵，可以獲得小獎賞。

跟另一個玩家一起狩獵，可以獲得更大的獎賞。

但要是其中一位玩家選擇一起狩獵，而另一個玩家決定獨

自狩獵，選擇一起狩獵的玩家什麼獵物都拿不到。

玩家在做決定之前不能討論，所以跟囚徒困境一樣，也有可能因為選擇信任夥伴而輸掉遊戲，但是這個遊戲的架構清楚展示，合作可以享受最大的成果。

囚徒困境和獵鹿賽局都基於理性思考，但看待世界的方式完全不同。一個是競爭思維：地球是人們在偵訊室裡密謀要陷害彼此的地方；另一個是合作思維：一起狩獵，可以得到更多食物。

這兩個遊戲都要透過合作才能帶來最大的報酬，但只有一個遊戲可以讓玩家看到真相。

＊ ＊ ＊ ＊

有個相當巧妙的研究，清楚展現了遊戲應該要怎麼玩的暗示有多重要。

研究人員安排了兩個不同的囚徒困境遊戲讓受測者玩，兩個遊戲的規則跟之前提到的情境類似。唯一不同之處是它們的名字，一個叫做「華爾街遊戲」（Wall Street Game），另一個叫做「社群遊戲」（Community Game）。

研究人員讓史丹佛大學的學生和以色列空軍的飛行員來測試，遊戲結果很類似。

玩華爾街遊戲的人比玩社群遊戲的人更容易出賣夥伴，以獲取更大的個人回報。華爾街遊戲的玩家因為預期遊戲的其他

玩家會出賣他們，所以他們會先下手出賣對方，這樣的行為合情合理。

而社群遊戲情境的結果可說是大相逕庭，先前玩華爾街遊戲選擇背叛的玩家，在玩社群遊戲時，都選擇了要團結合作。因為遊戲名字叫做社群遊戲，所以這行為也是合情合理。

進行華爾街遊戲時，不到40%的玩家選擇對彼此忠誠；但玩社群遊戲的話，則有近70%的玩家會選擇忠誠。一模一樣的遊戲，只有名字不一樣而已。

我們到底是活在華爾街的世界還是社群的世界？囚徒困境的世界還是獵鹿賽局的世界？某種程度上，差別竟然只在於我們怎麼命名遊戲而已，這就是隱藏預設具備的超強影響力。

隱藏預設決定了所謂的常態

隱藏預設可以透過設定事物的背景，來替我們做出選擇。所謂的背景，就是我們會隱約地說「事情就是這麼做的」，或是「本來就是這樣」，這就是「常態」。從這些語彙可以確定，這個人不是自己判斷後做決定的，而是其他人事物早就替我們做出決定了。

這些隱藏預設甚至會決定我們認為什麼是事實，我們都認為自己的決定是建立在客觀事實上，但其實我們每一個人都活在社會文化的規範和設定中，就像社群與華爾街遊戲一樣。

這就帶出了關於隱藏預設最終極、也是最大的挑戰。

　　那就是我們不只認為隱藏預設「本來就是這樣」，我們還認為隱藏預設「應該」就是要這樣才對。

　　我們常覺得事物**本來的樣子**，就是他們**該有的樣子**。正因如此，我們才會很難想像世界會有什麼不同。

　　社會學家馬克斯・韋伯（Max Weber）曾寫道，合理性像個鐵籠把我們困住，到後來我們還會認為鐵籠本身是大自然的產物。我知道呀，這是籠子，可是籠子本來就**應該**存在的呀！

　　但如果回顧以往，可以清楚看見過去的世界很不一樣，然後莫名其妙地，我們就從過去的舊時代來到了現在的新世界，接著我們一定會從這邊出發到其他地方去。鐵籠，從來沒有我們想像的牢固。

第三章

為什麼全部都一樣

　　鄉村音樂歌手山姆‧杭特（Sam Hunt）的一首歌在2017年創下了前所未見的紀錄。

　　杭特的鄉村歌曲〈鄉間小路般的身材〉（Body Like a Back Road）打進告示牌（Billboard）熱門鄉村歌曲排行榜，蟬聯八個月、三十四週之久。這是史上登上告示牌排行榜前十名最久的歌曲，比貓王（Elvis）、披頭四、法蘭克‧辛納屈（Frank Sinatra）、麥克‧傑克森（Michael Jackson）或瑪丹娜（Madonna）的歌曲還要久，比任何一首歌都還要久。

　　〈鄉間小路般的身材〉是排行榜史上停留最久的歌，感覺像是異常的極端值，異常到像是系統故障，但事實並非如此，這趨勢符合邏輯的結論。

　　打開廣播聽得到、電影裡看得到、漫步在城市或小鎮時感覺得到，一旦財務利益最大化掌權，萬事萬物就開始變得一模一樣了。

歌曲都一樣

　　廣播電台不像以前那樣了，但影響力依舊強大。要找新歌聽，廣播還是首選，要是災難發生，緊急警報系統也會透過電台發布消息，多數美國人每天都聽廣播。

　　我們親眼目睹廣播電台式微，認為它是老舊過時的科技，但20年代廣播問世時，可是跟90年代的網路一樣震撼人心。

　　許多吹捧網路的觀點及感受，最早都是針對廣播的。有了

無線電科技，任何人都可以運用現有的科學，開放式地播送廣播節目，可說是劃時代的革命，也很民主。

　　廣播是第一個稱得上大眾傳播的系統，這是人類史上第一次可以用聲音跨越大陸和海洋即時傳遞資訊，人類彷彿掌握了神的力量。

　　開創並引領廣播的人都清楚廣播的影響力，廣播電台問世不久，國會就限制了所有權，規定一個個體最多只能擁有兩個電台，官員們表示這是必要的，以免新資源集中在少數團體手中。廣播電台是大眾能信任的平台，在這種心態下，廣播電台開始蓬勃發展，每個社區都有自己的電台、自己的聲音。

　　但過沒多久反駁的聲音出現了。

　　這個反駁聲音的出現讓人措手不及，因為它運用了與上述提到限制擁有權一樣的概念——每個聲音都被聽見是很重要的。反駁的聲音說這些限制反過來妨礙了公司與其擁有者，要是這些人想要開十個電台呢？或一百個呢？難道說他們沒有權利讓他們的聲音也被聽見嗎？

　　廣播電台網在1943年控告政府，指控這些規定限制了他們的言論，違反《憲法第一條修正案》賦予的言論自由。法院支持這項條例，維持原判，卻也埋下了革命的導火線。

　　受到強烈的政治和法律壓力，加上不要設限其實比較民主也更公平的論點，原先立意保護廣播電台的法規逐漸被削弱。

　　一開始，改變是緩慢的。法規放寬後，從兩台的限制調整到五台，然後從五台調整至七台，隨著每次法規的放寬，下一

次限制繼續鬆綁就成了意料中事，大公司將可以買下更多的影響力。

到了1982年，監管廣播電台的主管宣布，他完全聽從廣播電台擁有者的意見，表示：「商業廣播電台是一門生意……不是大眾託付的機構，政府也應該盡量『聽從廣播電台公司的判斷』。」他的論點是在開放市場裡頭，商業廣播電台彼此競爭、搶利潤，比那些只為了特定公共利益而製播節目的廣播電台，能製作更棒、更多樣化的節目內容。

在1984年，廣播電台擁有限額從七台放寬到四十台，而到了1996年，就幾乎沒有任何限制了。不到一年的時間，美國一萬一千家廣播電台之中，有四千家被收購，到了2002年，美國最大的廣播電台擁有者：清晰頻道通信公司（Clear Channel Communications）控制了一千兩百家以上的廣播電台，超過十年前法定限額的三十倍。

如今，美國有過半數的電台被兩間公司所把持，曾經被社會大眾公認為是如此重要的資源，所以沒有人可以擁有超過兩個電台，現在卻只由兩間公司獨佔。對，兩間！

廣播電台公司一旦被集團收購之後就開始裁員，我也沒有倖免。給我第一份寫作工作的那間紐約小公司，在我加入一年後就被清晰頻道收購了。兩年後清晰頻道解僱了我，而我並不孤單，因為就連很多DJ也都被砍掉。

既然總部有人直接按個播放鈕，就可以同時在一千個電台播放，那幹麼還要付錢給地方的DJ和設備工程師呢？同一個

老闆麾下的廣播電台，播的曲子有高達97%是重複的，成本降低，利潤增加，播放歌單也不再有變化。

　　每年登上排行榜榜首的不同歌曲數量開始下降，榜單從80年代每週都有新歌入榜佔據第一名，演變到今日的單調，聽來聽去都是那幾首歌。

每年告示牌熱門鄉村音樂排行榜排名第一的不同鄉村歌曲數量

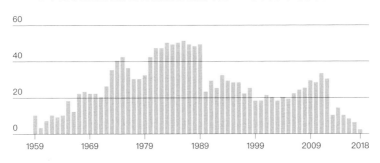

資料來源：告示牌排行榜

　　這就是〈鄉間小路般的身材〉這首歌成為史上最受歡迎歌曲的部分原因，上千個廣播電台日夜播放相同歌單，簡直是擁有最高演奏效率的管弦樂團。

電影續集的續集

　　變得單調的不是只有廣播節目，連電影也步上後塵。

　　2013、2014和2015年度最受歡迎的十部電影當中，只有

一部是原創的，其他二十九部則是電影續集、前傳或是現有故事改編而成的。2017和2018年，票房最高的十部電影全部都是電影續集或現有題材改編。

以下是從50年代起，每年票房排名前十的前傳、續集、重拍和重啟的電影數目。

票房前十大中，前傳、續集、重拍和重啟的電影數目

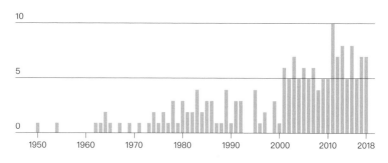

資料來源：票房、電影網路資料庫、商業內幕、The Numbers網站、維基百科（BOX OFFICE MOJO, IMDB, BUSINESS INSIDER, THE NUMBERS, WIKIPEDIA）

圖表左邊是好萊塢原創故事的年代，右邊則是好萊塢發現改拍別人已經講過的故事是多麼輕鬆簡單的年代。在過去的十五年間，有61%的好萊塢電影都是重拍、續集或改編。

這種策略的轉變跟電影公司易主有關，在80年代，企業界流行擁有好萊塢電影製片廠，石油公司、日本電子公司、澳洲報紙出版商、加拿大酒業集團，甚至可口可樂都一窩蜂買進電影製片廠的大量股份。

　　跨國集團進行這些收購，不是因為忽然愛上了電影，而是為了賺錢，70年代電影大賣座的時代來臨，大公司的支票滾滾而來。掌權者改變了，電影也就跟著變了。

　　從他們的商業模式來看，電影續集會更賺錢。一位產業專家接受美國廣播公司ABC採訪時表示：「電影重拍和續集是**證實有效的方法，還可降低風險**，這就是電影續集開始出現的真正原因。」

　　電影開始像這些公司銷售的產品一樣，有輕量版、一刀不剪版、女性版（偶爾）、老人版（偶爾）、黑人版（較少）等等。去電影院開始像是在逛超市買麥片一樣，選擇非常多，但其實都差不多。

　　跟電影相關的文化也改變了，從80年代起，《綜藝》（Variety）首次報導每週的票房收入，人們開始傾向從首週的週末票房來評斷電影好壞，而不是看影評。電影產業風險如此之大，加上拍攝成本不停增加，電影公司因此變得更保守，想法和創意的多樣化漸漸消失。

　　電影已經走下坡是不爭的事實，那電視呢？ Netflix、HBO、AMC和其他頻道製作的節目都是題材變化多端的原創作品，這一點不就反駁了我剛剛所講的？

　　傳統電視台的商業邏輯跟電影類似，一定遭受到相同的力量影響，情境喜劇、警匪片、醫生和律師影集很少因為獨創性而走紅。

　　但名氣響亮的電視台製作水平高於一般電影和無線電視台

是事實，這也是那些最具原創性和最有遠見、不落俗套的作品登場的平台。

事實上，這些節目幾乎都是由想要建立信譽的新人製作的，他們製作優質電視節目，追求的不是財務利益最大化，而是名聲最大化，他們的目標是給人留下深刻的印象（「這不是電視，這是HBO。」）。

想想看，我們是怎麼拿優質電視頻道和電影做比較的？這些節目沒有用票房來衡量，甚至連有多少收視人口都沒有持續公布，電視節目的成敗幾乎完全取決於劇評和觀眾的反應。觀眾和製作人有一個共同的目標，財務上的考量當然有，但作品品質及對平台聲譽的影響更重要。這就是為什麼劇評總說優質電視台製播的劇集要是沒人看，就只是被忽略而已，但好萊塢電影沒人看，就是砸鍋的大爛片，因為電影跟電視影集的目標不一樣。

不過，我們不能認定目前優質電視影音平台重視品質的狀態會持續到永遠。許多市場一開始都這樣，許多人共同打造了一個百花齊放的生態系統，但隨著少數人進一步控制市場，情況就會開始轉變。打造平台名氣的需求降低，對利潤的需求增加，不久之後，這樣的新格局又開始變得跟過去十分類似。

如果只為了賺最多錢，弄得廣播節目內容單調乏味，每部電影都要搞個IMAX和3D版的續集，那真的太可笑了。但這股力量改變的不光只是音樂和電影而已，連我們的社區都無法逃離財務利益最大化的魔掌。

仕紳化（Gentrification）

紐約市下東區第二大道和第一街的轉角，有一家道明銀行（Toronto-Dominion Bank），櫥窗裡掛著一則廣告：「我最完美的週六就是週日能去銀行辦事」。

銀行裡面是一排排的小隔間，提供銀行行員與客戶會面，但來這個地點的人並不多，而且其實也不需要來這邊，其他四家分行，距離這邊走路都不到十五分鐘。如果加上其他家銀行，附近就有二十幾家了。

曼哈頓的銀行數量近幾十年來大幅增加，2014年紐約市有一千七百六十三家銀行，比起十年前多了四百六十一家，彷彿提款機還沒發明。

時空拉回到1985年，我們同樣站在第二大道和第一街的轉角——2019年道明銀行的所在地，此時是一家叫做火星（Mars Bar）的酒吧。

火星酒吧是皇后區的漢克・潘薩（Hank Penza）開的，漢克對自己開的酒吧非常有主見，他跟記者說過，股票經紀人、投資理專和律師他都不歡迎。如果他們不小心進到店裡，他會立刻威脅要揍扁他們，並奉上連綿不絕的幹聲來轟他們出去。

火星酒吧成了當地居民的最愛，它的煤渣磚牆和牆上塗鴉的室內設計跟外觀很搭，地點和CBGB俱樂部也很近，所以在下東區形成了一個龐克三角洲，附近也有實驗劇場、畫廊和音樂表演場所。

　　簡陋惡劣的環境使得房租很便宜，雖然房地產沒什麼價值，但是自治權、社區意識、和創意等價值卻備受重視。即便沒有全職工作也住得起這裡，這就是吸引藝術家、音樂家和其他人的地方。

　　但隨著財務利益最大化的新勢力出現，這城市就變了樣。

　　1910年至1960年代，紐約市公寓平均租金從每個月四十美元漲到兩百美元；而1970年代到2010年間，房租從平均每個月三百三十五美元飆升到三千五百美元。租金上漲是因為房地產增值，而房地產增值是因為透過增加銀行貸款總額，一般人才買得起房地產。

　　隨著房地產攀升，居民們得付更多租金才能繼續住在這。同樣的情況也發生在租店面做生意的小公司，例如餐廳、乾洗店、披薩店、藥局，還有像是火星酒吧這樣的地方都得勒緊褲帶才能經營下去。當這種家庭式小生意租約到期時，許多人的租金都面臨三位數的漲幅，自助洗衣店的租金從七千美元漲到二萬一千美元，根本不可能繼續經營下去。

　　追求最大利益的房東開始主宰紐約市，使得原先在地長期經營的老店一間一間倒閉。老店關門之後，一種新型態的商店進入了市場，也就是連鎖店。

　　如今，紐約到處都是全國和全球的連鎖店，但這種情況其實最近才發生。

　　時代廣場在1990年代中期進行重劃翻修、1994年星巴克在紐約開了第一間店、同年美劇《六人行》（Friends）開播、

第一間凱瑪（Kmart）門市在1996年開幕，在那之前，國內很少有連鎖店開在紐約。紐約的高犯罪率、高稅收以及紐約市民的抗拒讓許多連鎖店業者不敢貿然嘗試，但看到這些連鎖店始祖在90年代與二十一世紀初期在紐約成功立足之後，許多業者也開始跟進了。

部分紐約市民抵制連鎖店進駐，他們認為連鎖店會讓紐約失去靈魂，他們說新鄰居重創了小型企業。當時紐約充斥著對這議題的爭論，連1998年湯姆·漢克（Tom Hank）與梅格·萊恩（Meg Ryan）主演的浪漫喜劇電影《電子情書》（You've Got Mail）的劇情都是在討論這件事。

但是不管是那場爭辯中的哪一方人馬，現在都只剩少數人還住得起紐約，現在只有高階主管、銀行家、律師以及連鎖店的股東才住得起。過了二十年，趕人的變成被趕走的，角色完全顛倒。當初批評的人說得有道理。

2017年，賽百味（Subway）的餐廳數量（四百三十三家）快要跟紐約地鐵站（四百七十二站）一樣多了。速食店、手機專賣店、大型藥妝店與其他連鎖店佔據了整個城市，更不用說光在曼哈頓就有多少的銀行分行。

這些成為連鎖店的店面，有很多以前是小商店，而且或許不只一家曾是，連鎖店的店面較以往佔地更廣。舉例來說，新銀行的地點是合併以前的三間小店面而成，為了給較大的企業騰出空間，做小生意可用的店面消失殆盡。

2006年，龐克俱樂部CBGB消失，取而代之的是四角內

褲發明者開的高級時尚零售店；2011年，火星酒吧與其他店家被道明銀行和一棟豪華高樓建築取代；2017年，曾經以龐克和非主流文化而聲名狼藉的下東區，搖身一變成為全紐約連鎖店最密集的地方。

2008年，非營利組織城市未來中心（Center for an Urban Future）開始追蹤連鎖店在市區的發展，他們的年度報告指出紐約的連鎖店連續十年正成長。2018年，受到電商的影響，數據首次下滑（掉了1%），但連鎖店現今依然穩佔紐約，這是有風險的。

城市未來中心的總經理強納森・伯爾斯（Jonathan Bowles）說：「這座城市與眾不同之處就在於這些獨立自主的店家。重要的是，對城市的未來而言，紐約不能變成跟其他都市差不多。如果紐約只是購物中心，跟其他城市沒有不同之處，那遊客為什麼要來？」

造就紐約市和下東區的價值，過去代表的，但現在只有偶爾會看到的，就是紐約的自主獨立與自由精神、對創意的接納、人們建立的社區，不過現在，這些都被放兩旁，只有利字擺中間。

我們路過這些連鎖店，看到這些店不會有任何感覺，他們只是城市景象的一部分而已。但不只是如此，這些連鎖商店的存在，證明了我們的價值觀已然改變。

購物中心

仕紳化的現象會登上新聞頭條，但過去和現在仍持續發生在像我故鄉的那些小鄉鎮與農村的事情，可以說更為恐怖。

當然，我說的就是購物中心以及商場。

有人說購物中心的崛起是一連串事件完美結合而成，中產階級擴張、州際高速道路系統的建立以及白人搬遷到郊區促使購物中心忽然暴增，郊區蓬勃發展。

雖然說這些因素佔有舉足輕重的地位，但真正引爆購物中心成長的原因，可說是鮮為人知，它就是1954年更改的稅制，稱作「加速折舊法」。

從1909年始開始，美國稅制允許房地產擁有人從稅金中扣除資產耗損帶來的損失（稱為折舊）。至於免稅的額度，並沒有明文規定，完全交由企業本身去決定。

這個想付多少就付多少的政策沒有維持很久，根據歷史學家湯瑪斯・漢切特（Thomas Hanchett）所說，到了1931年「美國的折舊扣除金額會出超過所有公司的應稅淨收益的總額」，這句話值得反覆咀嚼。

既然美國企業無法遵守誠信制度，那麼就由國會制定法律來讓他們守誠信。他們為了限制避稅的情況，設立了新的平衡機制來決定每年的扣除額度。

但新的法規並沒有維持多久，過沒幾年，房地產產業的領導人告訴國會這項扣除法條需要修正，開發業者說因為房地產

會隨著時間而貶值，所以需要預先扣除更多金額以刺激成長。房地產隨著時間而貶值的概念聽起來很瘋狂，但當時房地產價格波動的情形跟現在不同，後來房地產會漲，就是修改這條法律造成的。

一旦新的稅法到了稅務律師的手裡，那麼商業房地產就從有風險的投資變成零虧損的避稅天堂。聯邦儲備銀行的經濟學家於1955年撰寫的研究報告指出，修了這條稅法，等同於「永久推遲納稅」。

它是這麼運作的：砸錢蓋購物中心，利用加速折舊法將利潤報成虧損來避稅，一旦扣除完成，房地產就轉手，接著把資金投到新的開發案，然後不斷重複鑽這個漏洞。

避稅竟然容易到推出新建案就是為了讓人們能從中獲益。1961年的《華爾街日報》（Wall Street Journal）有篇頭版文章寫道：「虧損轉利潤」。《華爾街日報》提到，房地產投資的回報是如此的誘人，導致越來越多的民眾將資金投入酒店、商辦大樓、公寓、汽車旅館、購物中心和未開發的土地。當時有本介紹手冊上頭寫著，投資房地產是「節稅之道」。

折舊扣除只適用於新開發的建案，不適用於現有建築物的修繕，這意味著，唯一可以鑽漏洞的方法，就是蓋新的建案，像是購物中心和商店街。哪邊有便宜又未開發的土地可以蓋房子呢？都市的郊區。

美國的重心開始轉移，到了1970年，美國有一萬三千家購物中心幾乎全部都是在稅制更改之後蓋的，而且幾乎都蓋在

郊區。

美國建築如雜草般在市郊蔓延，只為了避稅。

連鎖效應

郊區購物的蓬勃發展被視為是一種進步、是美國繁榮的新氣象、是社區加入名牌的大聯盟。

但這感覺不錯的故事卻有個問題，被這些購物中心包圍的市中心、城鎮中心開始沒落。從1954到1977年，美國都市市中心的零售比例跌了77%，許多市中心從此一蹶不振。

接著沃爾瑪（Walmart）、塔吉特（Target）和其他大型超市出現了，大賣場因為規模龐大，比起地方小商店，能提供更低價格和更多樣的選擇，消費者也發現了。研究發現，新開的沃爾瑪大賣場營業額當中有84%是從原本的地方商店搶過來的；另一個研究發現，沃爾瑪開的三千家分店導致其他一萬二千家商店關門。這種商場合併的情形會產生複利效應，當地零售商賺到的每一塊錢，有60%會重新回到當地社區；但是連鎖店賺到的錢，只有40%會留在當地，其他都被總部拿走了。

我並不是要說連鎖商店都很邪惡，在我老家、維吉尼亞州西南部這種地方，沃爾瑪是民眾唯一可以買到想要和需要的東西的地方。但在沃爾瑪出現之後——尤其是現在連亞馬遜也出現之後，小企業越來越少，這也是鐵錚錚的事實。

大型零售商有時候又叫「種類殺手」，意思是它們大量主

推的產品會使規模較小的競爭對手出局，這個稱號帶點敬佩的意味。事實證明，這比任何人想像的都還要真實地發生了。

停滯不前

連鎖店成長不光是造成市中心的沒落，與此同時，美國的創業精神也跟著衰退。

常有人說，這是一個創業的時代，好像每間車庫裡都有人開公司創業、做應用程式、計畫開餐館或者發明一些新的3D列印技術。打破現狀，不然就等著被打破！諸如此類的精神，在美國流傳著。

但這不是真的，這是媒體炒出來的。

現今美國人均創業比例只有1970年代的一半，你沒看錯，整整少了一半。同一段時間抽菸人口比例也少了一半，想想看70年代的癮君子比現在多了多少，就像以前創業的人口比例也比現在大得多。

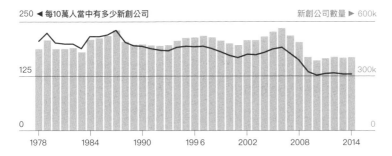

新創公司數量

250 ◀ 每10萬人當中有多少新創公司　　　　　　新創公司數量 ▶ 600k

125　　　　　　　　　　　　　　　　　　　　　　　　　　　300k

0　　　　　　　　　　　　　　　　　　　　　　　　　　　　0

1978　　1984　　1990　　199 6　　2002　　2008　　2014

資料來源：考夫曼基金會、美國勞動統計局（EWING MARION KAUFFMAN FOUNDATION, BUREAU OF LABOR STATISTICS）

　　這數字不是因為美國缺乏創業渴望，有三分之二的美國人夢想創業，但是越來越少人白手起家、獨立創業。為什麼？原因是競爭對手強大到創業家不敢貿然前進。

　　賣場附近都已經開了七間連鎖店了，怎麼會有人想要新開一家漢堡店呢？家得寶（Home Depot）和沃爾瑪在郊區就有了，何必新開一間家庭五金行呢？如果最常用的十個應用程式裡面已經有六個是谷歌（Google）或臉書（Facebook）開發的，那幹嘛自己開發應用程式呢？

　　經濟被連鎖店與市場領導者主宰，他們規模太大、實力太強、充滿狼性，一般人無法與之匹敵。隨著連鎖企業發展，曾經好做的生意已經演變成精密的機器，一天比一天難超越。

　　這不是新開的漢堡店在跟40年代的麥當勞兄弟競爭，也不是一款新的社交軟體跟在校園宿舍裡的馬克・祖克柏（Mark Zuckerberg）競爭，他們要競爭的對手是世界上最強

大的公司。新公司草創時提供的服務內容得贏過市場領導者剛開始所提供的,即便沒有比大公司目前提供的服務更好,至少也要一樣好,還得一樣便宜。成功創業的門檻越來越高。

與大公司競爭的挑戰使創業產生了寒蟬效應,即使在最受新創公司青睞的科技領域,創業率也正在走下坡。

這也是競爭的規模導致的。2018年,谷歌與臉書掌握了70%的網路流量和90%的數位行銷,實際上我們所有的手機軟體都受蘋果(Apple)和谷歌控制,這些公司利用它們的規模,對網路的控制達到了前所未有的程度。

絕大部分的人在個人或職場生活上變得必須仰賴這些平台,正如越來越多人日漸依賴亞馬遜、沃爾瑪、塔吉特和達樂(Dollar General)購買生活必需品一樣,工作機會也得靠這些公司提供。與此同時,嘗試創業的人數就少了。

正如作家G·K·卻斯特頓(G.K. Chesterton)所說:「資本主義太過頭,不代表擁有資本的人太多,而是太少。」

大型商場的破滅

規模大的好處很明顯。

規模越大,分店越多;規模越大,知名度越高;規模越大,價格越低;規模越大,表示有利潤可以投資在更專門、特殊的產品上;規模越大,代表可以在對的時間點出現在馬路對的那邊。

這些對客戶和企業家來說都是好事，但大規模有大規模的代價，市區空空如也、到處都是相同的連鎖店、創業精神式微，而現在換成賣場空蕩蕩。

許多在90年代和2000年代初期將小公司逼到絕境的全國性零售商和購物中心，現在也快嗚呼哀哉了。據估計到2022年，美國超過25%的購物中心都得關門。

YouTube節目《廢棄購物中心》（Dead Mall Series）記錄了這一切。幕後製作人說：「當你走進一個死氣沉沉的購物中心時，你會感到震撼又畏怯，這很吸引年輕人，根本就像目睹鐵達尼號沉沒一樣。」

這些購物中心之所以會倒閉，是因為他們擊敗小公司的焦土策略，也被網路零售商拿來擊潰購物中心。網路商店價格更低，使用更方便，利用一樣的策略，網路商店打敗了連鎖店。

長遠來看，故事會怎麼進展？網路會催生幾百萬間小型企業，還是會讓更多公司整併在一起？網際網路會不會變成一座城市或是一座購物中心？雖然表面上網路提供了無限希望，但隨著參與者的規模不斷變大，想讓每個人都能公平競爭的念頭，就像網路的中立原則，都已宣告失敗。

至於緊接在山姆・杭特打破連續蟬聯排行榜歷史記錄過後兩週，登上鄉村排行榜的那首歌，後來怎麼了呢？這首叫做〈命中注定〉（Meant to Be）的歌，連續五十週蟬聯榜上第一名，比〈鄉間小路般的身材〉更久。又來了，相同的故事，再次上演，一遍又一遍、一遍又一遍、一遍又一遍……

第四章

鰡魚頭經濟

資源回收系統的崩壞

美國在 2018 年開始意識到一個令人震驚的新問題——過去資源回收的方式已經行不通了。

在 1980 年代，資源回收開始在全美普遍起來，從原本只有少數人會動手回收，變成大多數人都會做。到了 2013 年，美國回收了 34% 的日常垃圾，人們意識到資源回收的好處，加上法規要求及資源回收業者可從中獲利等等因素，促使資源回收率得以提高。

可是我們提高回收率的方法，很有問題。

美國一開始推行資源回收時，採用的是「垃圾分流」的分類方式。這個專用名詞指的是用兩個以上的垃圾桶，分別放置不同種類的資源回收垃圾，一個放紙類、一個金屬類、一個塑膠類等等，全世界的資源回收大多採取這種模式。

到了 1990 年代及 2000 年初期，美國許多城市開始採用「垃圾單流」的回收方式：使用單一回收桶裝所有資源回收垃圾。單流回收系統讓民眾把可以回收的垃圾丟在同一個回收箱，到了回收工廠，再由大型機器去做分類。

這種做法背後的邏輯很簡單：使用單一回收桶，回收更方便，所以回收率更高（不過專家對這做法眾說紛紜）。垃圾單流回收意味著較低的成本（垃圾車數量、垃圾車司機、作業人員都跟著減少），但利潤卻提高了（可以買更貴的垃圾車、更貴的垃圾桶、更貴的分類機具設備），使得各城鎮和資源回收

業者願意共同參與。

　　現今美國有做資源回收的社區，多數是採用垃圾單流分類，以長期來看，單流回收得付出的成本遠遠高於眼前的利潤，單流回收的成本遠高於分流回收，垃圾分類需要更多費用，但回收後的資源品質卻糟糕許多。在分流的回收系統中，只有1%至2%的回收物無法利用，進到垃圾掩埋場；但在單流的回收系統中，因為回收物太髒或無法回收，導致高達15%至27%的廢棄物進到掩埋場。

　　這非同小可，如同一份產業報告中提到的：「收集不等於回收，除非一件物品變成另一個產品，否則在此之前都稱不上資源回收。」

　　現代的回收系統開始運作之後，美國大部分的資源回收物都由中國買走，幾百噸的回收物被運到太平洋的另一端，重新進入全球的供應鏈中。美國的城市和資源回收廠將回收物整批整批賣給中國，賺錢獲利，大家都是贏家。

　　但是，由於美國單流回收系統分類得亂七八糟，這樣合作的日子似乎已經到了盡頭。

　　2018年，中國提高了收購資源回收物品質的標準，新的規則只接受0.5%的回收物進到掩埋場，前一年，從美國運往中國的廢棄物中約有20%得丟棄。2019年中國便拒絕跟美國收購任何回收物資，之後就有新聞報導提到，美國一些城鎮不知道該怎麼處理這些回收垃圾，就直接放火燒了。

　　當初為了達成最高回收率而制定的策略，現在反而成為失

敗的主因。這失敗是集體行為的結果：回收業者偷懶，社區根據短期利益決定長期的做法，然後我們沒有把廢棄物洗乾淨再丟，也沒有好好做垃圾分類。

我們總以為有人會為這些事負責。的確，有一段時間，中國的垃圾分類工人幫我們搞定這些事情，但由於我們短視近利，現在這個選項也沒了。有位廢棄處理場的老闆說：「我們就是自己最大的敵人。」

革命就是要財務利益最大化

1970年全球最知名的經濟學家將財務利益最大化的概念介紹給普羅大眾，這位經濟學家名為米爾頓・傅利曼（Milton Friedman）：芝加哥大學明星教授，後來成為諾貝爾獎得主，並擔任柴契爾夫人（Margaret Thatcher）與雷根總統（Ronald Reagan）的顧問，一直是全球最具影響力的經濟學家以及思想家。

1970年傅利曼在《紐約時報》上刊登了一篇文章，闡述財務利益最大化的理念，在此之前，傅利曼所分享的觀點，從未如此引起商業界的關注。

當時，美國正陷於越戰的泥沼之中，許多年輕人命喪戰場。一些新的運動，像是拉爾夫・納德（Ralph Nader）所提倡的消費者保護運動，要求企業應為公共利益盡心盡力，問大家美國企業能為公共利益多做點什麼？

米爾頓‧傅利曼在《紐約時報》撰文表示這場運動完全搞錯方向了。他認為，說企業對社會有任何虧欠是荒謬可笑的，公司不是真正的人，所以它沒有真正的責任，再者，你說公司要負責，那究竟是要負什麼責任？根本無法定義呀。

倘若傅利曼當時繼續挑戰其他經濟學者，請他們定義什麼是企業的社會責任，那麼歷史可能會截然不同。但傅利曼剛好相反。

傅利曼認為推行「社會責任」的運動基本上就是鼓吹顛覆（他用質疑的口吻提到社會責任二十三次），只有專橫霸道的人，才會想要教別人他們的錢該怎麼用。

「企業的社會責任就是要賺錢。」大聲疾呼的他，想要扭轉觀點。企業之所以存在，就是要去做企業的老闆們所要求的事，而在傅利曼的眼裡，老闆就是股東。這件事情，單純得很，就是能賺多少錢，就賺多少，賺好賺滿就對了。

聽到這句話，美國所有本來在開董事會時打瞌睡的董事們突然都醒了。

「最大化」的階級

傅利曼的文章並沒有讓企業老闆立刻覺醒，擁抱全新的世界觀。影劇《我們的辦公室》（The Office）裡面紙張供應商敦德（Robert Dunder）並不是讀了《紐約時報》之後才突然決定要打敗頭號敵手米菲林（Robert Mifflin）。

　　實際改變的規模其實更大，也更緩慢——嶄新的掌權人士出現了。

　　他們是會計師、律師、顧問，都是哈佛商學院、史丹佛大學、華頓商學院畢業的；他們受僱於貝恩策略顧問公司（Bain）、波士頓諮詢公司（Boston Consulting Group）及麥肯錫顧問公司（McKinsey）；他們都是訓練有素的專家，相當擅長打造財富、懂得把成本降到最低；他們的顧問費是誇張到離譜的天價，但過程中分毫都不用花，出張嘴就好。

　　他們成為「最大化」的階級 [7]（The Maximizing Class）。

　　這一個階級篤信傅利曼法則，代表企業及社會的新力量，他們唯一的目標：把收益衝到最高。

　　隨著經濟增長放緩，1970 年代企業在經歷一連串衰退後困頓前行，董事會邀請最大化階級這群人幫忙整頓企業，以便面對財務利益最大化的新時代。這些企業的經營模式開始改變，透過避稅、政治遊說、甚至降低服務品質來增加獲利；藉由凍漲薪資、削減預算、甚至大規模裁員來降低成本。一本有關麥肯錫的書指出：「在現代史上，麥肯錫極有可能是最懂得在不違法的情況下大規模裁員的公司。」

　　最大化階級建議企業，要利用繁文縟節來彌補人事精簡的情況，也就是提高客人得自行處理的流程，如此一來服務人力就可以縮減。儘管服務品質變糟，但利潤卻能提升。

　　企業擺脫企業公民的身分，他們不再重視對社區領袖和公共服務的承諾，開始把提供政治獻金擺第一位，把錢花在願意

承諾減稅、鬆綁法規管制的政客身上。當然，法規鬆綁就可以減免更多稅，要發揮影響力，這樣快速又有效。

最大化階級不光只進入企業而已，他們也替政府和學校提供諮詢服務。他們的任務就是把花費減到最少，錢要賺到最多，任何不認同新策略的人不是被邊緣化，就是慘遭排擠，可以做最後決定的人開始改變。

你如果是小型企業老闆，就得跟全國連鎖店競爭，他們會因為想要增加總店數，設法讓你關門大吉。

如果你是工程師或科學家，純粹只做數學和科學原理研究，而不考量經濟報酬，那你的地位和影響力會大不如前。

如果你是關心人民的政治家，但不太會募款，你會敗給砸錢大肆宣傳的對手。

一旦目標瞄準的是財務利益最大化，那麼錢就是老大，其他人都必須閃邊站，只有最大化階級和他們的督導者能握有生殺大權。

本來要進入其他領域的人也見風轉舵，開始加入最大化階級的行列。美國在1970年有兩萬五千位商業管理碩士，到了

7 **「最大化」的階級**　原文The Maximizing Class的class語帶雙關，除了階級之外，也代表畢業班的意思，例如Class of 1998，就是1998年畢業的學生。因此The Maximizing Class也有最大化這一班畢業生的意思，指這群財務利益至上的商管學院畢業生。

2018年，一共有二十萬個企業管理碩士（MBA）。我們做的選擇，反映了新的價值觀。

薪水凍漲

米爾頓・傅利曼在《紐約時報》刊登的文章，讓財務利益最大化的觀念成為企業命脈，可是文章發表三年後，奇怪的現象發生了——人們的薪水不再增加。

並非每個人薪資都凍漲，老闆的薪水還是越來越高，只是幾乎所有人的整體薪資不再成長。之後的五十年，薪資大致上都維持凍漲的情況。

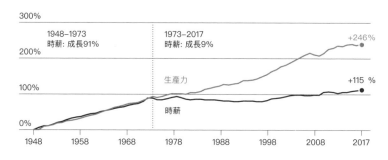

生產力的變化對比時薪的變化

資料來源：美國勞工統計局

從1948年到1973年，美國的時薪成長了91%。

從1973年到2013年，美國的時薪僅成長了9.2%。

　　勞工的生產力並沒有在1970年代突然下降，恰好相反，過去的半世紀裡，人們的產值比任何一個年代都還要高，但企業給的薪水搞得好像他們都沒有加倍努力一樣。

　　美國勞工的生產力對比薪資報酬，在1973年來到最高峰，就是平克‧佛洛伊德（Pink Floyd）的唱片《月之暗面》（The Dark Side of the Moon）發行的那一年。從那之後，勞工的薪資漲幅一直很無感。

　　當然不是全體員工都是相同的情況，1979年至2016年間，最高收入族群的時薪報酬成長了27%；同樣這段時間，中產階級的薪資僅成長3%。從隨身聽發明以來，薪資僅成長3%，但所有物價卻一飛沖天。

　　歷史學家經常指出工會式微和全球化興起，是造成薪資凍漲的主因。一旦工會再無力強迫企業增加工資，加薪速度便會趨緩許多；而企業一旦知道原來把工作外包到國外可以省下更多薪資，它們馬上照辦。

　　但是，為何這股勢力如此強大？到底是什麼力量在推動著他們？

　　正是他們將財務利益最大化奉為圭臬所造成的，他們的目標不是要打造更好的未來，或是提高生活水準，也不在於滿足大眾需求，是利字擺中間，要賺就要賺最多錢，這就是我們最新的隱藏預設。

＊　＊　＊　＊

1970年代，當許多美國家庭在為薪資停滯掙扎之際，救世主奇蹟般地降臨了，那就是信用卡。

第一張信用卡出現在1950年，但是沒什麼人辦卡。美國在1986年根本沒有信用卡債務，普羅大眾不會借錢過日子。

但是到了1970年代，薪資開始凍漲，美國許多家庭開始使用信用卡，到了1980年美國人的卡債大約是五百五十億美元，到了2018年則為一兆美元。

美國勞工實質收入下降，再加上信用卡債務，我們就能預見會產生什麼後果。

生產力及時薪的變化對比美國每個家庭的信用卡債務

資料來源：美國勞工統計局

該調漲的薪水就是跑到這裡——薪水都變成債務了。

若從最大化階級的觀點來看，這種情況是正常、合理的，因為目的在於財務成長。要是有辦法創造出新的金錢，讓大家來借，順便賺賺利息，那幹麼付錢給這些人呢？

所以我們增加的不是薪水，而是卡債。

鯔魚頭經濟

我想把最大化階級的所作所為視覺化，結果腦海浮現了一幅超詭異的圖片，我想到了鯔魚頭。還記得鯔魚頭[8]嗎？它是一種髮型，看起來就像這樣：

8 **鯔魚頭**　一種把頭頂跟兩側頭髮削短，後面留長的髮型，70年代美國搖滾歌手大衛・鮑伊、韓國團體BIGBANG的權志龍和BTS的金泰亨、中國歌手華晨宇都曾留過此髮型。本書作者將財務最大化階級的所做所為形容成鯔魚頭。

　　鯔魚頭就像有句話說的：「正面在商言商，背後狂歡作樂」（business in front, party in back）。鯔魚頭是1980年代登峰造極的髮型。

　　最大化階級的策略就像鯔魚頭，只在意經濟效益，面對大部分的人，要降低成本／在商言商[9]，讓金字塔頂10%的人從中撈一筆／私下狂歡[10]。兩個族群的人，一方收入和影響力下降，另一方卻增長，這就是鯔魚頭經濟（Mullet Economy）。

　　創造鯔魚頭經濟有兩個步驟。

　　第一步是企業透過凍漲薪資、資遣員工及降低服務品質，來精簡開支，這就是鯔魚頭的正面在商言商，最大化階級就是提供企業界這樣的建議。

　　第二步則是要將「省下來」的現金重新分給企業高層以及股東，管理階層要確保董事會、股東和公開市場會願意「買單」（這一詞無意中說出了真相），這就是鯔魚頭所謂的背後狂歡作樂。

　　這道理聽起來很簡單，但是結合這兩個步驟，就能創造出經濟奇蹟。原本要付給員工、資遣後省下來的數百萬美元，以股利和股票回購的方式重新分配給高階主管和股東，因為每個投資人都愛現金，所以有這樣操作的公司股價會水漲船高。

　　股票回購是企業如今最常用來分配利潤的手段，指的是上市公司用自己的現金將發行在外的普通股從股東那裡買回來。公司收購股票，公司的錢流到股東手上，股東的股份就回到公司，這樣可以減少公開市場流通的股數，同時又可以提振上市

公司的股價。

今日股票回購很常見，但也常常被妖魔化，其實回購並非壞事，只不過是企業分配資金的工具罷了。

在我擔任Kickstarter執行長時，我們也會利用回購的方式把利潤分配給股東和員工，因為Kickstarter既不會出售公司，也沒有上市的打算，因此回購和分紅是公司分享獲利給勞苦功高的員工和一路相挺的股東最棒的方式。但在執行之前，我們很努力確保所有符合條件的員工都是股東，甚至貸款給員工，協助他們能行使認購權及繳納所需的稅款。

回購本身沒有問題，問題在於回購的方式以及動機。

問題一：某些回購發生的原因

直到1980年代初期，除了一些特定狀況，股票回購在美國是非法交易，因為過去一些公司會購入自家股票來炒高股價，所以回購被視為一種市場操控行為。在1982年——也就是廣播開放商業化的那一年，股票回購的規定變更，企業獲准

9 **降低成本／在商言商**　此行為就像是鯔魚頭髮型中，前面與兩側都削短的樣子。

10 **從中撈一筆／私下狂歡**　此行為就像是鯔魚頭髮型中，後面留長的樣子。

可從投資人手中買回自家股票。

三年後，《財星》（Fortune）就一些早期進行回購的企業做了股票行為分析，分析結果明確指出：「回購股票公司的股東賺進極高獲利，遠超過整體投資人的獲利。」

文章中華倫‧巴菲特的話更是錦上添花。

他指出：「所有的管理階層都說他們是為了股東的利益做事，身為投資人，你想要做的就是把他們通通接上股票回購這台測謊機，看看他們講的是不是老實話。」巴菲特說，股票回購能有效做到這件事。

自此，股票回購開始盛行。

美國企業在 1980-1990 年間股票回購總額

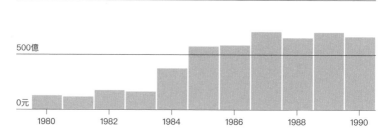

資料來源：亞斯華斯‧達摩德仁、Compustat資料庫（ASWATH DAMODARAN, COMPUSTAT）

自1982年起，回購金額大幅增加，2018年企業花了一兆美元進行回購，堪為歷史之最。

美國企業在1980-2018年間股票回購總額

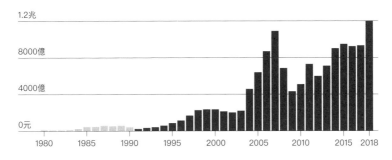

資料來源：亞斯華斯‧達摩德仁、Compustat資料庫

自回購現象出現，股市表現可以直接反映企業透過回購和股利，分給投資者多少現金。

標普500年化的季度股利及回購

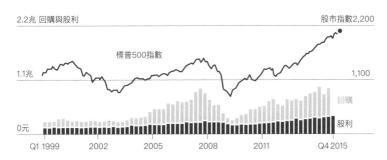

資料來源：亞德尼、標準普爾（EDWARD YARDENI, STANDARD & POOR'S）

這個經濟體制會乖乖照著民眾對於財務利益最大化的期待來走，背後的目的是提供股東最大報酬。近年許多美國企業投

資在研發上的金額，低於花在股票回購的數字。

非金融機構的股票回購及資本形成淨額佔營業盈餘淨額之比例

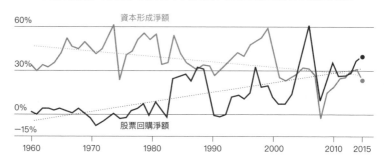

資料來源：德勤、美國商業部經濟分析局（DELOITTE, BUREAU OF ECONOMIC ANALYSIS）

　　但並非全球各地的公司都在玩這一套，《金融時報》（Financial Times）指出「根據《彭博社》（Bloomberg）資料顯示，2015年至2017年間，美國前五大科技集團（尤其是蘋果及微軟）花了二千二百八十億美元進行股票回購及發放股利，同期間中國前五大科技公司只花了一百零七億美元，並將剩餘的現金投資在擴展市場及提升影響力。」

　　你覺得，哪個策略聽起來比較好？

問題二：遭到漠視的一群人

　　1980年代初期，股票回購規則改變之際，美國正處於經濟衰退期，有9%的勞工遭到裁員，算是經濟大蕭條以來最高

的比例，工作機會和工廠一批批消失、倒閉。

企業的說法是它們需要勒緊褲帶，才能保持公司競爭力，但這種緊衣縮食的方式不適用於掌權的人，原本屬於勞工的資金，流進投資人和管理高層的口袋，鯷魚頭經濟起飛後，這樣的狀況便持續發生。

雅虎（Yahoo）在2008年到2014年間，斥資六十六億美元進行毫無意義的回購，同時裁撤員工；走下坡的西爾斯百貨（Sears）則是在2005年資遣員工後，灑了超過六十億美元進行回購。雅虎和西爾斯耗資（或者應該說是浪費）數十億美元買回自家的股票，只為了要討好股東（而他們比任何人都清楚，這數十億資金買的是一間快要活不下去的公司股票），不管是員工、顧客、或是公司的未來，都比不上討好股東和提高股價來得重要。

值得注意的是，一個以股東權益為重的經濟體，實際上就是以財富為主的經濟體。市場上80%的股票集中在全美最富裕的10%人口手上，而底層80%的人口卻只擁有8%的股票，企業耗資數十億進行回購，主要目的是要將利潤再分配給最有錢的那一成。

問題其實不在於股東是否富有，或投資人是否投資獲利，問題在於勞工是這些公司成功的主要功臣，但他們勞心勞力到最後，得到的下場卻是凍漲的薪資和大規模的裁員。企業賺的錢比過去任何時候都還要多，而勞工卻只能力求保住飯碗；股東享受著破紀錄的高額報酬，同時勞工薪水停滯，工作越來越

沒有保障。

經濟蓬勃發展的甜美果實繞過勞工，直接到了頂端的股東身上；但成本卻繞過股東，轉嫁到其他人身上，這就是鯷魚頭經濟。

問題三：對於我們的未來，這一切代表什麼？

達拉斯聯邦儲備銀行（Federal Reserve Bank of Dallas）在2018年五月辦了一場研討會，主題是自動化對企業與勞工所產生的影響。

座談會的主持人詢問執行長們，他們是否認為未來有機會再次替他們的員工「全面普遍加薪」，所有執行長明確回答：「不可能。」

可口可樂美國佛州分公司的執行長回答：「就是不可能啊，在我們公司門都沒有。」

這位執行長又說，公司很清楚他們僱用的員工，最終都會因為生產自動化而遭到開除，這是他們公司無法避免的未來。

企業就是這樣思考未來的：引進自動化和機器人，接著淘汰人力，這就是企業投資的未來。在商言商，做生意，這樣很合理。

鯷魚頭經濟真正的問題就在這裡：自動化的未來，究竟是怎麼樣的一幅光景？

在財務利益最大化主宰的世界裡，人們預期企業將成本減

到最低，同時創造最大財務報酬。抱持這樣的預期心態，再加上生產人力自動化，全球經濟的好處，只被全球的大公司和那一小撮極富有的股東掠奪及壟斷，結果會發生什麼事情？

這會是一個我們難以想像的世界：利潤更多，勞工卻越來越少，股票回購大行其道（或是將來會出現的類似手法），一切的不平等也就隨之而來。正如經濟學家威廉‧拉佐尼克（William Lazonick）所言，一個「只見利潤卻不見繁榮」的世界。

現在的前進路線瘋狂地將我們推向這樣的未來，然而面對未來衝擊的我們卻毫無準備。

除了分給股東，我們需要有更好的方法來處理那些多出來的資金，其中一個好辦法，是提高稅收，加上某種形式的無條件基本收入（universal basic income，UBI）。這個做法涉及的優點與困難討論起來篇幅太長，無法在這邊詳細說明，但不管具體的計畫是什麼，要是我們不改變路線，最終的結果就是陷入被鯔魚頭經濟主宰的醜陋未來。

鯔魚頭大學

鯔魚頭經濟最大的受害者中，有一些人根本都還沒出社會，還沒參與經濟活動，就當了受害者。他們是大學生、準大學生、或是剛畢業的大學生，光是為了進入職場找份工作，就已經背了一屁股債。

　　為什麼說他們是鯷魚頭經濟的受害者？因為薪資停滯的這段時間，高等教育的學費暴漲。2018年大學平均學費是1971年的十九倍，也就是從1971年的一千八百三十二美元漲到現在的三萬四千七百四十美元。

　　為了補上這筆差額，學生向另一種信用卡求助，也就是學生貸款。截至2018年止，美國學生尚未繳清的學貸超過一點四兆美金，比過去十年間增加了150%。

　　許多背學貸的人無力償還債務，有近三分之一的借款人拖欠款項或是延遲償還期限。他們賺的錢不夠，無法還貸款、負擔生活開銷，大學學費和生活必需品都漲價了，但薪資卻沒有跟著漲。

　　學生跟貸款創業的公司、房地產開發商或其他企業不同，法律禁止學生申請破產來免除債務。事實上，一些國會議員甚至提議強制扣押學生未來的薪資，用以償還學生的借款。

　　利益最大化一族才不會發生這種事，他們不必貸款就有錢付學費，得付出最大代價的是最大化這個族群以外的人。他們的薪資沒有起色，但為了能夠賺這一份不會漲的薪資，所需要付出的成本卻越來越高。

　　如果你是負債的學生，這問題很嚴重，但如果你是這些學生未來的老闆，那問題根本不存在。被貸款壓得喘不過氣的學生將來很可能只敢上班領死薪水，不敢冒險創業，也不敢挑戰改變現況，他們身上還背著貸款，不能沒有這份薪水。

政治圈經濟

如果事情不改變，世界便會一如既往地運行下去。

對於生活某些層面來說，保持不變聽起來滿不錯的；但對某些事情來說，這話聽起來格外令人沮喪，至於是哪些事情讓人開心讓人沮喪，答案因人而異。

社會大環境也是，有些人追求不一樣的未來，有些人則是要確保未來跟現在一樣，這些觀點之間的拉扯，在很多領域都會出現，但是政治圈是最重要的競技場。

政治舞台上的競爭，決定了社會規範和規則。我們該往哪走？哪個想法才對？選舉和政治辯論應該是讓人們做出這些選擇的方式。

但是因為錢的關係，政治角力很少是公平的較量。

政治跟金錢掛鉤走的路線就跟資源回收一樣，以前政治跟金錢沒有這麼多瓜葛，並各自分流，但現今的社會裡，金錢和政治合一成了單流。還有，政治也像資源回收一樣，已經骯髒齷齪到無法達成真正的目的了。

三位政治學家在2015年發表了一份驚人的研究報告，證明選舉幾乎都是錢在決定結果的。

「報告結果連我們都嚇到了，」研究人員發現，「在年代相距甚遠的三年，1980（當時國會運作和今日很不同）、1996和2012年裡，主要政黨候選人在兩黨的得票率，和他們競選時的支出比例呈線性關係，事實上幾乎是直線了。」

接著他們針對1980年至2014年間每次的國會選舉進行研究，發現候選人的花費與所獲得的選票呈正比。

他們寫道：「比對手多花1%的資金，選票就會比對手增加1.277%。」

候選人比對手多花一美元，得票率也相對增加。由分析得知，1980至2014年間除了一場選舉之外，所有國會選舉結果都吻合這個模式。

同一群研究者他們核對政治獻金的各種來源，想搞清楚款項是哪來的，結果發現絕大多數的款項來自最大的企業，它們的管理高層和美國金字塔頂端那1%最有錢的富人。最大化階級和富豪中的富豪，是美國政治的主導力量。

還記得前面那些圖表嗎？即使在滿意度下滑的情況，國會連任的比例照常上升，現在謎底揭曉了，只要比對手多砸點錢，最大化階級就能讓立場友善的政客得以連任，成為財務利益最大化在政府內部的勢力。

為了回報政治獻金，這些政客在政府內部為企業消滅眼中釘、弱化工會力量、減輕環境汙染罰則、擴大財稅的漏洞、放寬產業的管制，拿錢辦事，聽話地削減政府的力量。這些政客卸任後，還有遊說工作這爽缺等著他們。

財務利益最大化若少了政客的影響力，根本起不了什麼作用，鱷魚頭經濟是透過政治操作修改法規，而不是靠著商業模式才起飛的。市場本來不允許股票回購，直到1982年那群拿錢辦事的友善立法人員修改法規才開放。

在1980和1990年代，許多銀行限制鬆綁，像是開放銀行可在各州設立分行（這項修改的轉變是紐約市到處都是銀行分行的關鍵），1999年通過法案，取消自經濟大蕭條以來，對銀行規模和經營模式的長期限制。法規鬆綁後不到十年，就導致多次金融危機（包括安隆案[11]及2008年的次貸危機）。

這些變動都是政治獻金和最大化階級的勢力造成的，財務利益最大化是立法修法背後最大的動機。所謂合理明智的選擇，就是能賺最多錢的那個，那才是真正重要的事。

創業型國家

人們普遍認為政府和民間企業就像是湯姆貓跟傑利鼠一樣——自然的天敵，但以前不是這樣的。

經濟學家瑪里亞娜‧馬祖卡托（Mariana Mazzucato）發人省思的著作《打造創業型國家》（The Entrepreneurial State）中顯示政府與私人企業之間的緊密關係，並證明這些關係有多大好處。

11 **安隆案** 一家位於美國的德克薩斯州休士頓市的能源類公司——安隆公司，操弄財務報表，掩蓋公司合約與專案失敗帶來的債務，誤導了安隆的董事會和審計委員會。從安隆案之後，安隆公司成為公司詐欺以及墮落的象徵。

　　比方說馬祖卡托提到，iPhone手機每個零件背後的技術，從觸控面板、無線3G、GPS（全球定位系統）以及網際網路，都是美國政府直接資助的。蘋果公司很天才地把科技變成商品，但iPhone背後的研發工作是聯邦政府資助的。

　　這研發工作可以追溯到幾十年前，二戰之後，美國透過國防高等研究計畫署（DARPA），開始大量投資科學、科技、醫藥等領域的研究，這間機構負責判斷跟資助對軍事及國內有益的技術。

　　多年來，國防高等研究計畫署將電腦程式語言、噴射機科技，甚至全球定位系統等大小事物都列入投資範圍，它提供資金給一些頂尖理工學院，開設電腦科學計畫，培訓在這些新領域有發展前途的學生。

　　網際網路一開始就是國防高等研究計畫署的專案計畫，最早的電腦網路創建於1967年，稱為阿帕網（ARPANET），一百萬美元的資助來自彈道導彈國防預算。經過一段時間，阿帕網演變成我們今日使用的網際網路，而大部分的資金來自於洞燭機先的公共資金，讓我們現在能在推特（Twitter）上發文罵政府有多會浪費錢。

　　甚至一些頂尖的科技公司，像是英特爾（Intel）及蘋果，都拿了政府鉅額的補助和貸款，才有辦法在電腦科技領域大放異彩。

　　從現今思維來看，這聽起來根本不可能。為了避掉幾十億的稅金，把資金移到海外的蘋果，竟然跟美國政府拿創業資

金？電影沒有這一段呀！我們以為是政府妨礙進步，然後創新是像賈伯斯這種人拼來的。

現在的故事是這樣沒錯，但不久前，不論是私人利益或是公共利益，為的都是實現未來的宏觀願景。政府提供資金給私人企業，進行有前瞻性的研究，好讓企業可以發展，美國人為創新的發明付出，同時也享受這些發明的果實。企業和個人繳納的稅金投入到新一代的創新，這種做法促成人類歷史上幾次最重要的科技大躍進，並創造出許多我們正在享受的好處。

這種策略與做法，就是最大化階級灑錢捐贈鉅額政治獻金所要消滅的，他們到處遊說，建議減稅及削減政府開支，導致長期研究的投資金額減少。儘管研發成果可以如此豐碩，但自從一些重大的科技投資完成後，聯邦政府研發預算的比例便已經減少。

這類的政府支出正是最大化階級、企業說客、和被收買的政客企圖要廢除的。

這樣做的原因何在呢？如果過去政府的直接投資經驗很成功，那為何現在美國的大型企業和富豪會想要政府停止提供資金呢？尤其這些是同一批人、同一批公司耶，像是科技公司、藥廠等等，過去就是靠這些計畫的資助才有辦法成功做好研究、打好公司的基礎呀，究竟是為什麼？

對某些公司來說，這單純只是因為財務利益最大化，企業不會停止爭取更大塊的餅，有些公司則希望政府做的事越少越好，因為這樣可以不用繳太多稅，二來則是政府不介入，讓市

場越開放越好。

我認為還有另一個原因，這些公司很清楚這類型的研究會產生巨大的影響。對於已經稱霸市場的企業來說，未來科技的突破是少數會構成它們生存威脅的因素，任何突破性的藥物或科技，都有可能改變整個戰場。只要一切如常不變，或它們自己就是研發突破的業者，它們就可以安枕無憂地過日子。

幾十年來政府的投資已經開花結果，並創造利潤收益，結果現在這些企業卻賣力宣示這些資源是屬於它們的，同時把錢藏到避稅天堂、請說客遊說減稅，來榨乾政府用來投資未來創新的資金。

馬祖卡托講的很有道理，我們應該把政府資助視為投資，而非支出，我們若像企業界一樣檢視這些資金的回報，便會對公共基金有全然不同的看法，並且對我們看到的結果感到滿意。人們常常提及英國的協和號客機[12]（Concorde）及美國太陽能商Solyndra[13]，這幾個有名的政府投資失利的案例作為例子，認為政府應該不要碰私營部門，但這些損失和成功案例相比根本是芝麻小事。一般投資人如果偶爾押錯寶，沒有人會覺得他們失敗，但政府就不能犯錯，這群人為了維持現況，替政府的投資案設立了難以達到的超高標準。

這不是過河拆橋，什麼才是過河拆橋？自己得到了，別人休想！

死路一條

在1972年，美國一些最大公司的執行長組織一個叫做商業圓桌會議（Business Roundtable）的小組，他們的使命是要對政府遊說利商政策。由於背後默默支持的推手是美國的大公司，所以這個小組所提出的建議很有份量。

因此，該小組在1980和1990年代，對企業責任的定義作了一百八十度的轉變時，造成的影響可不小。美國國家科學獎章得主，數學家拉爾夫·高莫利（Ralph Gomory）表示：

「1981年商業圓桌會議在《企業責任聲明》中寫道，企業始終應思考自身的行為對股東、社區、員工及整個社會等群體產生的影響。但是到了1997年，他們的聲明只討論該如何才能為股東提供最好的服務。」

員工、社區、社會已經不再是優先考慮的對象，只有股東才是。

12 **協和號客機** 超音速戰鬥機發明後，英法攜手希望將此技術應用到客機上，研發出超音速客機，研發時儘管發現了此技術應用上的問題，卻因為考量已經投入的成本而遲遲未收手，最後導致投資金額超出預算將近六倍。在2003年終止服務之前，都沒辦法回收投入的資金。

13 **Solyndra** 於2009年曾獲美國政府批准的五億多美元聯邦貸款擔保，卻於2011年無預警宣布倒閉。

　　財務利益最大化的高度關注，從傅利曼對於利潤優點的論述開始萌芽，接著華爾街和其他人讓大家認為圖利的預期心理是再正常不過的，然後財務利益最大化就開枝散葉了。如同經濟學家瑪里亞娜·馬祖卡托所言：「金融產業的投資報酬率會設定一個固定資產投資的最低投報率，隨著金融業務彈性更高，投報率的標準便會提高，非金融機構的獲利跟不上金融投資者，為了跟上腳步，就被迫把生產配銷的活動『金融化』。」換句話說，即使一間公司過去並沒有打算要財務利益最大化，但一旦投資人預期會拿到這樣的報酬率，公司就只好跟進了。

　　財務利益最大化以及以股東為中心的世界觀很快就成為我們新的預設。

　　財務利益最大化當道的半世紀以來，利潤和國內生產毛額數字持續飆升，但僅有少部分人拿到大幅成長的報酬。要是我們在可預期的未來採取同樣的策略，要是我們讓利益決定一切，把財務利益最大化奉為金科玉律，棘手的問題就會出現，它分為四個階段。

第一階段：競爭結束

　　當產業裡主要的大公司進行整併，競爭就開始結束了，小型業者或地方小公司被迫賣掉公司或關門大吉，原來企業的市場與分布範圍也被剩下的公司併吞與瓜分。大者恆大，全國連

鎖店遍佈各地，最後，業者之間的直接競爭就不復存在。

拿廣播產業打個比方，有時旨在保護產業競爭的法規，必須得先廢除，業者才能合併。當政治獻金確保「買進」特定政客後，政客開始把產業變革的觀念推銷給民眾，聲稱法規鬆綁才能刺激創新及成長，事實上，法規鬆綁會刺激可觀的財務成長，給一小撮人享用。

第二階段：大規模裁員

一旦公司高枕無憂，不用擔心同業競爭，大規模裁員和刪除預算勢必發生。

人們創造出各式各樣的詞彙來美化大規模裁員，像是提升效率、精簡人力、創造綜效等等，許多這類冠冕堂皇的話語，在在暗示著這些決定都是深謀遠慮的絕佳戰略。

然而現實再簡單明瞭不過，刪掉越多預算和工作機會，高層就能分配越多錢給投資人和他們自己。真的是好棒棒呀！自1997年以來，從薪資的中位數來看僅有10%的微調，而高層主管的薪資則飆升了1000%。

第三階段：提取與分配

不必考慮勞工與競爭對手，導致產業心態轉變，從追求卓越，變成能撈則撈，服務水準下滑，盈餘上升。舉例：美國的

有線電視及網際網路業者，還有廣播電台千篇一律的播放清單。服務精簡，省下來的資金，透過股票回購和股利發放給股東，如同我們說的鯷魚頭經濟。

第四階段：崩盤

一旦公司的價值被榨乾，那麼公司信譽消失只是遲早的問題。想想看雅虎和西爾斯百貨這兩間企業，在公司生意搖搖欲墜之際，竟然付了幾十億美元給股東。

你可能會認為這是財務利益最大化的問題，假如這一切都會以崩盤告終，那何必呢？

坦白說，根本沒差。當初啟動這個循環的投資早就套現，資金已經轉到下一間公司去了，等到原本公司崩盤的階段，錢早已滾到第三、第四、第五輪去了。他們盡可能地榨乾公司，員工和社會只能自求多福，上位人士還是拿得到錢，資金持續滾動。

財務利益最大化就是永無止境地找尋可以縮減的成本和可以變現的價值。即使企業處在顛峰時期，仍然只想縮減人力和重新分配資金給股東，企業沒有其他願景，念茲在茲地只有財務利益最大化。但這不是企業的發展計畫，而是陷阱。

第五章

陷阱

　　在雜貨店排隊結帳時，有本雜誌抓住我的目光，封面上用大紅色字體、黃色螢光筆加上幾個兇狠口吻的標題，讓人不得不看。

　　「當個偏執狂。」

　　「顛覆自己。」

　　「開戰吧。」

　　這本是《槍枝和彈藥》（Guns & Ammo）嗎？或是八卦小報《國家詢問報》（The National Enquirer）？還是《廣告剋星》（Adbusters）？

　　結果是《哈佛商業評論》（Harvard Business Review）。

　　當時，我是Kickstarter的執行長，擔任這間公司的共同創辦人及高層領導已快要十年，擔任執行長前兩年，公司員工已超過一百人，原本刺激的冒險旅程，變得更加需要在每一天認真以對。

　　在外人看來，我們公司非常成功，在2013年，知名科技網站TechCrunch將Kickstarter與推特、優步（Uber）、Snapchat、Cloudflare一同提名為「整體最佳新創公司」。儘管在候選名單中，Kickstarter是團隊人數最少的一家公司，但最終仍是我們勝出。

　　可是我每天掙扎、充滿焦慮、心理壓力大到炸。靠創意創業的人仰賴我們網站提出專案進行募資；員工和家屬靠著這間公司維生；公司要保護自己的商譽，還要思考投資人和競爭手的問題；每年有好幾億美元透過我們的系統轉手，每天都有

出包的可能。

不管是在家裡，或是週末時光，甚至在夢裡，重擔從未卸下。有沒有什麼事是我該擔心但卻忽略的？擔憂跟壓力根本關不掉。

一直以來，我最大的恐懼都是一樣的——我害怕會有一個沒料到的事件把公司搞砸，原因是我不具備那些比我更厲害的執行長的因應能力。這是我大腦最深層的恐懼，總是害怕：我比不上其他人。

所以在雜貨店排隊結帳時看到的那本《哈佛商業評論》封面，戳中我的痛點。

當個偏執狂、顛覆自己、開戰吧。

會不會這就是我的問題？我思忖著，是不是**我還不夠偏執，疑心不夠重？**

我默默把雜誌放到購物車中。

人生目標

自1966年起，洛杉磯加利福尼亞大學（UCLA）高等教育研究所的研究員做了一份全美最大規模的研究，要探討美國大學生的態度。

聯合機構調查計畫（Cooperative Institutional Research Program, CIRP）所做的大一新生調查，每年會詢問大學新生有關於他們的背景、習慣、價值觀等問題，至今，全美已有一

千五百萬名大學新生填過這份問卷。

其中一個問題是請學生替他們未來可能的人生目標做出評比，學生會拿到一份清單，裡面有十幾個選項，每個選項再按照：絕對必要、很重要、有點重要、不重要，進行評比。

在1967年的調查中，新鮮人認為「絕對必要」或「很重要」的人生目標有：

1·建立有意義的人生觀（85%的新生認為這是絕對必要或是很重要的）

2·成為自己專業領域中的權威（70%）

3·幫助有困難的人（63%）

4·關注政治事務動態（54%）

5·成功創業（44%）

再往下的答案是：

7·經濟上非常富裕（41%）

到了1970年，入學新生的回答是：

1·建立有意義的人生觀（79%）

2·幫助有困難的人（74%）

3·養家活口（72%）

4·結交跟自己不同的朋友（65%）

5·成為自己專業領域中的權威（60%）

更下面有：

13·經濟上非常富裕（28%）

從1970年代中期開始，學生的答案開始有了變化。

在1970、1980年代後「經濟上非常富裕」這選項持續穩定攀升，在1989年首次成為絕對必要或很重要的人生目標的前幾名。這群學生在1993年從大學畢業，出生於1970年前後，也就是米爾頓・傅利曼在《紐約時報》刊登文章的那一年。他們成長的世界已把追求財務利益最大化視為稀鬆平常的事情，他們自己以及之後每一屆的學弟妹渴望的人生志向，都反映出這個情況，「經濟上非常富裕」自此幾乎每年都是人生最重要的目標。

2016年入學新生的回答是：

1・經濟上非常富裕（82%）

2・幫助有困難的人（77%）

3・養家活口（71%）

4・更深入了解其他國家與文化（72%）

5・成為自己專業領域中的權威（58%）

6・影響社會價值觀（48%）

繼續往下：

8・建立有意義的人生觀（46%）

自1970年起，大學新生把成為有錢人評定為絕對必要的人生目標，從原本的28%攀升到82%。是所有選項中數字變動最大的，同時建立有意義的人生觀這個選項卻幾乎掉了一半的百分比。

在1960年代，五分之四的大學新生認為有意義的生活目標是人生中絕對必要的，到了2016年，五分之四的大學新生

早就知道人生目標是什麼了：當個有錢人。

大學新生把這些目標視為「很重要」或「絕對必要」

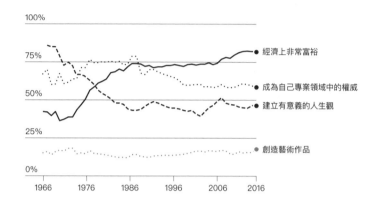

資料出處：洛杉磯加利福尼亞大學高等教育研究所（UCLA HIGHER EDUCATION RESEARCH INSTITUTE）

　　這群美國最優秀、最聰明的人，態度有了一百八十度的轉變。經濟學家瑪里亞娜・馬祖卡托寫道：「1965年哈佛商學院的企業管理碩士只有11%會進入金融產業工作，但到了1985年，已經變成41%，而且逐年增加。」隨著一年又一年，一屆又一屆的畢業生，我們對於財務利益最大化的信念不斷成長。

典範人物

　　資本主義的始祖亞當・史密斯寫道：「為了能建立及維護

社會階級與社會秩序，社會必須傾向欣賞甚至是崇拜有錢有勢的人，同時要鄙視，不然至少也得忽略窮困的人。」

換言之，文化中的典範人物會決定社會的價值觀，知道要跟誰看齊，要忽略誰。

在商業和創新的世界，典範人物很明顯，就是那些成功的有錢人。達成夢想的人，透過逼迫仇敵（沒錯就是仇敵），讓他們無法達成夢想，來賺到上億身家。當你在週末打掃家務時，這些好榜樣正在學中文，並鼓勵員工在週末假期繼續加班，團隊成員對著螢幕上執行長的臉，齊聲微笑回答：「是的！老闆！」

聽起來雖然很扯，但這類形象已經影響我們對成功的定義。但願我能更有錢；要是我可以更成功，那該有多好；如果我可以更像他們，不要像我現在這副德性就好了。

然而不管是長相也好，在同儕中的地位也好，或有多少存款，如果把自我價值建立在外在效度上，結果往往令人堪憂。

我們常常把這些外在目標設定為最終目的地，一旦達標，就萬事如意。我們升官發財的那一刻，就會像情境喜劇結束時那樣定格，然後大螢幕開始出現致謝名單。恭喜你成為人生勝利組，世上再也沒有事情需要擔憂了！

才不會這樣！相反的，當你抵達想像中的應許之地，會有另一個聲音對你大喊：「不！等一下，這裡才是終點，快來！」然後你又得重新開始新的旅程，試著達成新的目標，即便你自己都開公司當老闆了，還是會因為在雜貨店看到商業雜

誌封面，害怕自己比不上別人而買下雜誌。

在另一份人生目標的研究中，大學生的回答讓我們明白了箇中原因。羅徹斯特大學（University of Rochester）專門研究動機的專家，詢問學生他們的人生目標，內容很像前面提過的CIRP大一新生調查研究，但這份研究後續會追蹤學生一到兩年的時間，看看他們有沒有完成目標，並了解他們感覺如何。

研究人員發現，把人生目標設定在像是財富、美貌、名聲等「外在價值」的人，目標實現後獲得的滿足感比不上把目標放在「內在價值」，像是專注於學習、成長或助人的人。研究人員說，達成「利益目標」的人，會比那些完成「人生意義目標」的人更缺乏滿足感。

對於那些完成利益目標的人來說，他們並沒有因為功成名就而感到更快樂，事實上，他們反而更焦慮、更憂鬱，賺到了更多錢卻還是無法帶來滿足，所以我們就會把財務目標再訂高一點，以為這樣就可以解決問題，但事實並非如此。

我們想要獲得滿足感的欲望，超越了滿足感帶來的滿足感，我們得到的越多，想要的就更多。一旦我們的主要追求是以利益為導向的目標，就會造成我們永遠無法滿足，總是想要更有魅力、得到更多的讚賞，或是賺更多的錢，這些都是很強烈的動機，但只能帶來短暫的滿足。不過當我們的主要追求改為以意義為導向，比如我們想在專業上精進、想要更了解一個主題、或是想追求更好的人際關係，帶來的會是豐碩且長久的成果，還會產生強烈的使命感，更加精益求精，並塑造一個更

加強大的社群。

　　如果成功需要金錢或是利益等外在動機驅動，就像參加了一場沒有終點線的賽跑，永遠沒有抵達終點獲勝的那一刻，只剩下比賽，跑啊跑不停。

功成名就下的恐懼

　　網路2.0時代大約持續十年，並結束於2016年的美國總統大選，在這十年，快速成長及公司估值高，成為主流對成功的定義。

　　《紐約時報》2014年的一篇報導，介紹Zenefits這家開發人力資源軟體的新創公司，文章開頭寫道「Zenefits是矽谷近期發展最快速的公司之一」。文章內容盛讚公司發展迅速、大咖投資人看好、是間估值四十五億美元的「獨角獸」企業[14]，也是一間震撼時代的成功企業。

　　雖然《紐約時報》跟文中投資者對這間公司的成長讚不絕口，但Zenefits創辦人兼執行長的帕克・康拉德（Parker Conrad）在文中卻語出驚人，講了一連串的話，完全打臉文章報導的歌功頌德。

14　**「獨角獸」企業**　是指一間企業成立不到十年，但估值達標十億美元以上，且還未在股票市場上市的科技公司。

「即使我們認為一切都很順利，但我總覺得公司已經快要分崩離析了。」

而且「別家公司可以有一年時間處理的問題，但我們卻只有八個禮拜就要想出解決辦法……真的很恐怖，我覺得自己似乎短命了好幾年。」

《紐約時報》寫道：「康拉德先生常常覺得恐慌，他的生活十分緊繃，用盡所有力氣避免突發危機，或一時疏忽而釀成的失敗。」

成功意味著要成為顛覆產業的先行者，比別人搶先一步成為獨角獸企業，所有人竟然都忽略，康拉德這位成功人士在《紐約時報》上公開求救的事實。比起近在眼前的事實，我們更容易相信包裝過的樣子，這現況被完美地濃縮在文章標題：「Zenefits 的領導人轟動了整個產業，那他自己為何感到不安？」

為什麼康拉德壓力這麼大？因為 Zenefits 的服務業務成長快速，使得該公司火速募得將近五億的創投基金，但之後公司必須要在可預見的未來，維持或是加速這樣的成長力道。一年之後康拉德為了讓公司持續成長，違反了州政府的規定而遭到解僱，《紐約時報》報導中提過該公司的董事一直督促公司要成長得更快。

雖然 Zenefits 的故事很極端，但其實這類的故事比比皆是，為了滿足投資人和旁人過高的期望，把自己搞得精疲力竭；為達目的，不惜走上見不得人的捷徑。HBO 影集《矽谷

群瞎傳》（Silicon Valley）裡面許多劇情都是根據這些真實故事發展出來的。

聽聽另一位被譽為「有史以來成長最快速的公司」酷朋團購網站（Groupon）的前執行長及共同創辦人，安德魯‧梅森（Andrew Mason）所說：

> 酷朋非常替客戶著想，從一開始就對網站操作有很嚴格的規定，當我們公司擴大規模時，有些同事說：「嘿！我們為什麼不試試一天開兩團？」、「我們為什麼不試試一天發兩封電子郵件呢？」然後我心想，**這想法太爛了吧。誰想要每天收到同一間公司發的兩封廣告郵件呢？接著他們一定會說：「當然。對你而言這聽起來很糟糕，但我們是數據導向的公司啊，何不根據數據來決定呢？我們測試看看唄。」**接著我們就真的做了測試，結果顯示人們退訂率可能會稍微變高，可是購買量提升，就足以彌補這個損失。很多時候雖然內心的聲音告訴自己這不太妙，但人在江湖身不由己，他們的行為的確是出自理性的決策。

蘭德智庫公司出版的《賽局理論》裡，對理性的定義是「面對追求目標跟你相反的厲害對手，玩家要能安全地從賽局中，極盡所能得到好處」。現實的世界中，想要立刻就得到最多好處，往往需要付出長期的代價。公司一旦訂出成長目

標——極盡所能得到好處,所謂的「安全」,就會漸漸變得可有可無。

初期公司會找一條阻力最小的道路前進,也就是公司要賺大錢,不惜任何代價追求成長、立刻行動、做了再說、不必考慮後果,但後來往往被自己決定的路線困住。一旦公司導入財務利益最大化的思維模式,遲早會被利潤至上的思維主導。

顛覆自己

「當個偏執狂。」

「顛覆自己。」

「開戰吧。」

我瞄了一眼放在咖啡桌上未拆封的《哈佛商業評論》,心想:「**我哪根筋不對?幹麼買這本啊?**」

最後我還是打開了,要看看書中究竟有什麼驚世言論可以震撼到我。這篇誘發妄想症的封面故事,其實只是麥肯錫兩位公司合夥人有關淨利率的一篇文章。

我好像是電影《聖誕故事》(A Christmas Story)裡面的小孩,花了一堆力氣終於把密碼破解出來,結果只是阿華田的業配。什麼嘛?搞半天,只有這個?

我把雜誌扔了,但同時我關注到商業圈開始出現這種殺氣騰騰的口氣。

我開始看到一些雜誌的封面上面寫著:執行長掀起腥風血

雨、這些公司征服全世界。

報紙頭條寫著：科技主導權之戰、串流媒體軍備競賽、2012科技大戰、人工智慧大戰、矽谷死傷持續攀升。

新聞報導則是：前優步執行長崔維斯‧卡蘭尼克（Travis Kalanick）的簡訊和電子郵件裡面提到開戰時刻、燒毀村莊、血債血還這樣的字眼。據報導，臉書因干涉選舉而飽受批評，馬克‧祖克柏跟他的主管們說，臉書得上**戰場**了。

一般的商業用語會是：消滅敵手、挖角員工、攻下市場、發大財。

使用這些聳動的字詞主要是想要打造強大的組織、做出正確決策，或是改善現況，但是這些只會帶來反效果，這些是暴力、征服和戰爭的語言。

如同我們在華爾街遊戲和社群遊戲學到的道理，言語很重要，措辭語氣會告訴我們遊戲該怎麼玩：競爭，不要合作；不管怎樣就是要贏；賺最多錢，不然就等死吧。遊戲規則很清楚，但是有個問題沒人回答：要是我們每個人都這樣搞，到頭來誰會是贏家？

＊　＊　＊　＊

這些引發我焦慮的報章雜誌中有幾本過去曾報導過我，說我是成功人士。你可能會覺得當上了雜誌風雲人物，我就不會受到跟其他「成功人士」比較的影響了。但很不幸，事實並非

如此。

　　沒錯，我獲得了現在的成就，但一開始，我只是一個從維吉尼亞州三葉草山谷來的無名小卒，其他人才是又聰明又成功的，我就是比較幸運罷了。

　　當我讀到這些很殺的執行長的故事——工作從來不停歇；總是在銷售；活得無畏無懼，也不曾後悔，我就會開始給自己打分數。沒錯，我也是整天都在工作；沒錯，我總是替公司代言，但當我看著自己，我並沒有看到一個殘酷無情的自己，也不知道有沒有辦法成為那種人。

　　當我思考要不要變成那些成功人物的時候，我會問自己一個很難回答的問題：「**我能不能做好這份工作，同時還能做自己？**」我不確定。

　　我不想讓別人知道內心的困惑，所以在社交場合中，我表現出來的樣子跟實際的自己有明顯的落差。

　　某個活動場合，張三執行長說：「一切都好嗎？」

　　李四執行長回答：「太棒了，簡直是一帆風順，蒸蒸日上！」

　　王五執行長說：「真的假的！我也是一樣耶。」

　　他們一起轉頭看我：「一切都好嗎？」

　　我：「超棒的，真的，從來沒有這麼棒，我以前都不知道事情可以好成這樣！」

　　每一個人都是公關高手，我害怕如果他們知道我內心真實的想法，他們一定會發現我是個騙子，一切都是裝出來的。

我會想要離開那種場合，回家再多做點工作。我的床頭櫃上放了六本有關領導和策略的書，每天睡前都要讀書惡補，好在睡夢中夢到需要未雨綢繆的事情。一定有可以解決自我懷疑的方法，我一定是不夠努力，才會找不到答案。

不只是為了餬口

儘管我的內心不停掙扎，但Kickstarter可是很安穩的，打從第一天，Kickstarter就是一間以意義為導向，而非利益為導向的公司，對於別人在玩的遊戲我們沒興趣，我們是故意退出比賽的。

Kickstarter跟Zenefits和酷朋這兩間公司剛好相反，雖然它們募集鉅額創投基金，令人期待會有高報酬，但我們知道公司急速成長的套路就是：付出長期的代價，只為了換得短期的報酬。

我們公司慢而穩的策略跟其他企業的做法不同。在講究發大財和快速成長的年代，我們不去理會別人對成功的看法，而是為自己的理想和目標努力，為了把這間公益公司做到好，需要的是費時費力的艱苦付出。

當然有些時候我也會懷疑我們的路線是否正確，我接任執行長不到一個月，兩間同業的公司宣布，它們一共從頂尖創投資本家手中募得六千萬美元，目的是想和我們一較高下。我停下來檢視內心，仔細評估：「**我們應該要跟進嗎？**」後來我們

仍堅持走自己的路線，內心自我懷疑的時刻就過去了。

擔任執行長期間，我偶然讀到一本書，讓我找到新的信心，書名是《不只是為了餬口》（Not for Bread Alone），作者是擁有漫長職業生涯的日本企業家松下幸之助（Konosuke Matsushita）。

松下幸之助一生活得非凡，1918年，他在日本開設電器公司，成為日本最早期的電器公司之一。公司經營超過四十年，至今仍在，就是松下電器（Panasonic）。《不只是為了餬口》一書中，分享了松下幸之助漫長職涯淬鍊出的智慧與經驗。松下幸之助的職業生涯之所以令人矚目，不只是因為他的職業生涯相當長久，更是因為他認為繁榮富足不只有一種。

松下幸之助在1932年對員工發表談話時說：

「製造商的使命，是要克服貧窮，使整個社會貧困的苦難獲得改善，帶來富足；商業與生產的意義，不單只是要為商店和工廠創造財富，而是要使整個社會富足。社會需要商業和產業發展的動能與活力來創造財富，唯有在這樣的情況下，商業和工廠才稱得上成功發展。」

同時，松下幸之助還宣布了企業的二百五十年目標：消滅世上的貧窮。

他是認真的，不是說說而已。松下幸之助在1936年決定讓員工週休一日，而當時日本勞工月休二天，一直到了1947年日本《勞基法》才規定要週休一日。

在1960年，松下幸之助更進一步宣布松下企業將是日本

第一間實行每週工作五天的公司，他說道：「如果我們想跟國外公司競爭，就要大幅提高生產率，為了實現這個目標，週休二日能讓我們有充足的時間恢復精神和體力，也有更多機會使生活更加多采多姿。」為了提高產值，增進品質，松下幸之助違反常理，建議員工少工作一點。1960年代，他開始施行週休二日，而日本多數的大公司則是一直到1980年才開始效法，日本公務員則是到了1992年才有週休二日。

松下幸之助也是個很自豪的資本家，他在書中這麼寫：「唯有賺取合理的利潤，不過多、不過少，企業才能擴大，並為更多人提供更好的服務。此外企業應以納稅的方式將一大部分的利潤貢獻到社會，就這層意義來說，商人身為公民，有責任賺取合理的利潤。」

松下幸之助制訂了五個原則帶領松下電器：

1・產業報國的精神

2・光明正大的精神

3・和衷共濟的精神

4・力爭向上的精神

5・禮節謙讓的精神

過了快八十年，松下電器的許多辦公室仍會大聲朗誦這些原則才開始一天的工作。

松下幸之助看世界的方式，跟我們今日「顛覆自己」的調調，真的差了十萬八千里。這位日本前輩的話對我來說如同醍醐灌頂，也是我第一次找到經營領導的楷模，這些精神讓我得

以站穩腳步,並確信自己的直覺是對的,過去有好長一段時間,我一直懷疑自己到底對不對。

雖然有時候還是會起起伏伏,但這些知識幫助我更好地管理情緒,並整合內在的價值導向和商業利益導向。我會試著想像,如果是松下幸之助,他會怎麼看待我的狀況?這讓我得以去尋找是否有不同角度,好讓我看清楚什麼是更好的價值,十之八九,我會在思考過程中有所收穫。

我比以前更自信,願意敞開心胸跟其他執行長分享我的焦慮,我很訝異大部分人也有他們自己的焦慮或問題,我還以為別人遇到問題都能迎刃而解,只有我一個人心靈脆弱。心中的大石頭終於可以放下了,我甚至可以把這些恐懼、擔憂當成茶餘飯後的笑話,承認、正視自己的恐懼,然後就讓它們隨風而去吧!

出口

無論自己當前的目標是什麼,我們總是希望目標達成後,焦慮就會消失,如果下一個機會來臨就安心了。我們就像年邁的銀行搶匪,總是喊著:「再幹一票,就金盆洗手。」但是這票幹完,又出現另一票,然後又來一票,我們的底線不停地變,這就是陷阱。

我們該如何避免掉入陷阱?《聖經・以弗所書》六章十二節教我們一個方法:「因我們並不是與屬血氣的爭戰,乃是與

那些執政的、掌權的、管轄這幽暗世界的，以及天空屬靈氣的惡魔爭戰。」

我再強調一次。

「因我們並不是與屬血氣的爭戰，乃是與那些執政的、掌權的、管轄這幽暗世界的，以及天空屬靈氣的惡魔爭戰。」

換句話說，不要去仇恨你的對手，要厭惡的是這場比賽。

在財務利益最大化的時代，我們被徵招去打一場血氣的爭戰，用盡所有力氣賺到最多財富，賺大錢就是一切的重點。但正如我們所看到的，在這場比賽中，曇花一現的贏家，比起長期持續獲勝的人多太多了。即使將潛在收益都考慮進去，也得付上龐大的代價。

與其跟對手競爭，為了要贏而失去自己的靈魂，不如確定我們是參與對的比賽。一旦我們把目光放在血氣的爭戰，而不是比賽本身，那麼執政者和當權者就不會改變，畢竟這比賽是他們搞出來的。

＊　＊　＊　＊

財務利益最大化似乎已經卡位成功，像是用太空時代材料加強的鐵籠，再放上牢不可破的密碼鎖。過去存在，未來還是會在。

可是，鐵籠以前也曾經是新穎的想法。

《紐約時報》在1970年刊登傅利曼的文章，是因為這位

德高望重的經濟學家有話要說。他撰文目的就是要說服人們相信他的觀點很有價值，正如我現在一樣，只是我用更謙卑的方式表達我的想法。

宣傳這個觀念不像你想像的那樣輕鬆。傅利曼在越戰時期和冷戰高峰時期提出公司除了賺錢之外，並沒有其他的社會責任，這種看法是滿大膽的，但是因為提出有力的論點，加上廣為宣傳，大家就接受了這個觀念。現在，財務利益最大化就跟擊掌的觀念一樣，大學生沒辦法想像生活中沒有它。

儘管當下的狀況似乎會一直延續，似乎在歷史中是永無盡頭的，但每一個目的地都只是暫時的驛站，這還不是終點，才剛剛開始而已。

PART 2

第六章

什麼才真正有價值？

　　如果有機會重新設計自己的人生，你很可能會替自己加薪，但這不代表是貪婪或自私，而是表示你很務實，財務安全與生活品質是息息相關的。

　　以下是2019年全球十大富豪：

　　1‧傑夫‧貝佐斯（Jeff Bezos）；亞馬遜

　　2‧比爾‧蓋茲（Bill Gates）；微軟

　　3‧華倫‧巴菲特（Warren Buffett）；波克夏‧海瑟威

　　4‧貝爾納‧阿爾諾（Bernard Arnault）；路威酩軒集團

　　5‧卡洛斯‧史林‧埃盧（Carlos Slim Helu）；美洲電信

　　6‧阿曼西奧‧奧蒂嘉（Amancio Ortega）；颯拉

　　7‧勞倫斯‧艾利森（Larry Ellison）；甲骨文

　　8‧馬克‧祖克柏（Mark Zuckerberg）；臉書

　　9‧麥克‧彭博（Michael Bloomberg）；彭博社

　　10‧賴利‧佩吉（Larry Page）；字母控股／谷歌

　　他們是世界上最快樂的前十名嗎？可能不是，但他們應該也不會是「最不快樂」的十個人。

　　不富裕生活的代價是很顯著的，特別是現今的社會。有人說美國是一個奢侈品便宜、但必需品昂貴的國家，醫療、交通、居住和其他必需品的成本不斷上漲，恰巧證明了這個說法，五個美國人裡頭就有兩個人（43%）每個月都付不起這些花費，多虧了鯷魚頭經濟，很少有美國人能夠過上經濟穩定的生活。

　　把生活建立在經濟需求之上並不傻，經濟穩定很重要，穩

定的好處不只有金錢本身。研究顯示經濟穩定是很關鍵的門檻，決定一個人的教育程度、健康狀況，以及能不能做長期的規畫。

反對財務利益最大化的言論反的不是金錢，而是反對財務利益最大化讓某些人變得更富有的同時，卻帶給更多人不穩定的經濟狀況。

反對財務利益最大化的理由不是反金錢，而是挺金錢，同時也挺人。錢拿來服務人類的話，可以產生非常強大的力量；但如果是人在為錢做牛做馬，不管是自願，還是不得不，都會大大限制我們的可能性。

金錢的重要性

1943年，三十五歲的社會學家亞伯拉罕・馬斯洛（Abraham Maslow）在《心理學評論》（Psychological Review）上發表了一篇叫做〈人類動機的理論〉（A Theory of Human Motivation）的論文。

馬斯洛在文中提出了一個理論：人在一生中會經歷一連串的需求，而每一種需求都是通往下一種需求的墊腳石。

馬斯洛提出人類需求的五個層次：

1・生理需求（食物、水、住所）

2・安全需求（健康、身體、財務）

3・愛與社交需求（家庭、友誼、歸屬感）

4‧尊重需求（實現目標、活得有意義、被認可的動力）

5‧自我實現需求（成為一個人能夠成為的一切）

理想情況下，人的一生會經歷這幾個層次階段，滿足生存需求後便會關注安全問題，一旦滿足了生存和安全的需求，就會專注於愛或尊重需求，然後繼續往上。

然而，如果其中一種需求沒有得到滿足，就無法向上發展到更高級層次的需求，甚至會不知道下一步在哪裡，針對此現象，馬斯洛是這樣解釋的：

「如果所有的需求都沒有得到滿足，導致被生理需求全然支配，其他所有的需求可能都不會存在，或顯得微不足道。因此簡單來說，當這個人處於飢餓的狀態，意識便會完全受飢餓感支配⋯⋯在極端的情況下，寫詩的念頭、買車的欲望、對美國歷史的興趣、買新鞋的渴望，便成了被遺忘或是次要的需求。」

這就是前兩大需求──生存和安全──的作用，如果人感到不安全，就很難追求愛或尊重，在某些情況下甚至不可能發生。要是人生病了或者有嚴重的經濟問題（很悲慘的，這兩者在美國往往形影相隨），生活的主要目的就會是擺脫病痛和脫離負債。

一旦某個需求得到滿足，此需求會暫時消失。馬斯洛認為已滿足的需求依舊存在，就像「裝滿水的瓶子本質仍是一個容器，還是有機會變回空瓶」，之前的飢餓感暫時被遺忘，但是仍然可能會再次浮現。

　　以上的概念通稱為「馬斯洛需求層次理論」，一直被廣泛引用來理解人類行為的架構之一，常用的意象是將五種需求畫成金字塔（不是馬斯洛本人畫的），每個需求都是上一層需求的基礎。但馬斯洛指出，這幾個需求的順序「根本沒有這麼死板」。

　　在馬斯洛最早的論文中，從來沒有提到過錢是需求之一。可能是1940年代和今日大不相同，但在當今社會，經濟穩定與人身安全的需求是一樣重要的。意思是，錢真的很重要，但在馬斯洛的需求層次中，金錢需求也被擺在滿「低」的層次。雖然有些人把金錢當成自尊的代表，但金錢本身並不具有更高的價值，不過一定要有錢，才有辦法、才有資源追求更高的價值觀。

　　在2010年的研究當中，諾貝爾獎得主、行為經濟學家丹尼爾‧康納曼根據馬斯洛的理論提出一個很有意思的觀點，他發現心理幸福感跟收入之間，具有統計上「顯著性差異及顯著正向影響」（statistically significant and quantitatively important）的關係。研究發現，錢賺越多就越快樂。

　　但這樣的關聯性還是有一定的界線，他的研究指出年薪七萬五千美金以下，真的是賺越多就越快樂，可是賺的錢一旦超過這個數目，更多的錢帶來的幸福感就沒那麼強烈了。幸福感並不會隨著薪水增加而同步增加，哇，這不就代表隨機挑選十個年薪超過七萬五千美金的人，他們可能跟世界上最富有的十個人一樣快樂，甚至是更快樂。

　　七萬五千美元的門檻似乎很奇怪，但如果你從馬斯洛的角度來看，一切就合理了。

　　人們賺的錢越多，越可以滿足財務安全的需求，經濟穩定，安全感增加，幸福感也會跟著增加，而錢多到某個點，其實就能夠滿足人的財務安全感。根據康納曼的研究，在美國，這個點可能就在年薪約七萬五千元上下。

　　但是為什麼幸福不會隨著賺得越多而變得越多呢？

　　因為你某個東西擁有越多，這東西對你的意義就越少，一旦人對自己的經濟狀況感到心滿意足，「財務更加安全」這件事就不會產生多大的意義。經濟學家稱這種現象為「收益遞減」，就像在解渴之後，再多喝一點水一樣，沒有太大意義。

　　我們來看看這一層的另外兩個安全需求：身體健康和免受人身傷害的安全。社會平等保障每個公民的安全需求，透過法律和警察提供人身安全，以及用國家醫療保健維持公民健康（所有已開發國家都是如此，除了美國）。身心安全人人平等，跟財富不同。

　　但如果人身安全像現在社會的財富一樣，有著不平等的分配模式，傑夫・貝佐斯會擁有八百四十五名私人警力，但一億六千三百萬的美國人只能共用一千五百六十五位警察而已，也就是每十萬四千人只有一個警察保護。按照這個比例來算，整個紐約市的警力將只有八十二名員警而已。

　　根本是荒謬至極，因為貝佐斯的第八百三十七號警察也不會讓他更安全，他可能只是幫忙送咖啡給第八百三十六號警察

罷了，這些警察派駐到需要他們的地方會更有意義。就像即使多一塊美金，就能讓貝佐斯的財富變成一千三百五十億，多那一塊對他來說還是沒多大意義，但是對缺乏財務安全的人來說，一塊美金的意義大多了。

我不是說貝佐斯的第一千三百五十億塊美元是不道德或是不勞而獲，這錢不是天上掉下來的，我要講的重點是，一個人擁有的錢越多，錢對這個人就越沒有意義。在一個財務利益最大化的世界裡，賺越多錢成了一種陷阱。

＊　＊　＊　＊

在寫這本書的時候，我在紐約州北部的一個活動中，對幾百位執行長演講，除了分享Kickstarter的故事，也提到財務利益最大化對我們造成的傷害。

從聽眾的臉上可以看得出來，有部分聽眾對這主題很有共鳴，但同時也發現很多人無感。演講結束後我跟兩邊的人聊了一個多小時。

我記得最清楚的是與一家中型營造公司的執行長對話，他戴著遮陽帽、叼著雪茄，眼睛閃著光芒向我走過來，我不知道會發生什麼事。

他告訴我：「說來其實有點好笑。還沒發財之前，我是個十足的資本家，但現在賺了錢，我卻不知道自己是誰了。」

我聽他講他的故事，他知道金錢並沒有他想像的那麼有意

義，但他仍然有一股動力想影響這個世界，只是不知道到底該做些什麼。

馬斯洛應該會知道要跟這位營造業的執行長講什麼：他正站在下個階層的邊緣，接下來的層次如愛、自尊、自我實現和超越需求的存在正呼喚著他。

這一步很多人很難做到，上學是為了學習如何致富，但沒人會問賺大錢之後會發生什麼事。

這就是社會目前所面臨的困境，因為我們關注財務利益最大化，搞得馬斯洛需求層次的第二層被我們當成最高一層，但為了要發揮最大潛力成為最棒的自己，我們得持續往上爬到更高層次。目標怎麼可以訂得這麼低呢？

強大的激勵因子

我們深信，只要賺到最多錢，其他一切都會隨之而來，因為錢可以被拿來換其他的東西。只要財富成長，一切都會跟著成長。

這個觀念在某些條件下可能是成立的，如果目標是發展經濟，使每個公民都能獲得財務安全，那麼金錢確實很可能帶動一切成長。

但是財務利益最大化跟廣義的財務安全無關，也不相信有財務安全這種事，財務利益最大化的重點是增加大量的財富，只是如果重點是要累積財富，那怎麼累積也不會有「足夠」的

一天。

馬斯洛需求層次理論講得很清楚，若累積財富成為生活的重點，我們就把自己給限制住了。錢是能讓這世界運作，但只能發揮我們一小部分的潛力，我們其實可以飛得更高更遠，但如果我們只看重財務利益最大化，只想賺大錢，那我們永遠都會因為最大收益遙不可及而感到失望。

理性利己主義的原則已經說服我們：盡可能滿足自己迫切的欲望是唯一的理性策略。以實際經驗來看確實沒錯，不過，也有大量證據顯示事實並非如此。

社會學家丹尼爾‧品克（Daniel Pink）在《動機，單純的力量》（Drive）這本書中提到了卡內基梅隆大學（Carnegie Mellon）1969年的一項研究。在這項研究中，研究人員給每個參與者一堆積木，讓他們拼出各種形狀，參與者要在固定的時間內盡可能拼出不同的形狀。

參與者全神貫注，拼出各種形狀，但這不是實驗的重點，測試進行到一半的時候，研究人員在休息時間離開房間，這時候實驗才真正開始。研究人員透過一面雙向鏡追蹤參與者，看他們沒有人盯的時候還會玩多久的積木，會不會跑去翻雜誌（跟我們現在拿手機起來滑是一樣的意思），結果大多數參與者在休息時間都繼續玩積木。

第二天，實驗又進行了一次，但有一點不同。研究人員跟部分參與者說，他們每拼出一個形狀就會得到一美元，但沒有告知其他參與者。

　　研究人員再次離開房間休息，也再次追蹤參與者在研究人員離開時繼續玩積木的時間。這次有了點差異，有獎金的參與者比沒有獎金的參與者花更多時間拼積木。

　　第三天，也就是最後一天，參與者又回來了。這一次，他們跟之前拿過獎金的人說，當天獎金不夠，沒辦法付錢給他們，也就是第三天的積木活動和第一天一樣都是沒有報酬的，而沒獎金的那一組依舊沒有獎金。

　　測試進行到一半，研究人員再次離開房間，看參與者做了什麼，結果他們又看到了差異。

　　第二天拿到獎金的人在休息時間已經不太玩積木了，比拿錢的那天少，也比第一天少。

　　這些拿到獎金又失去獎金的參與者的反應情有可原。你昨天明明給我錢了，今天怎麼可以不給？這根本是剝削！我們可能也會有同樣的反應，但這裡面其實還有更不公平的地方。

　　猜猜那些從未得到獎金的人做了什麼？他們第三天玩遊戲的時間比前兩天都還要久，他們很享受，也想繼續玩，簡直不亦樂乎。

　　在研究人員給錢之前，另一組也有同樣的感覺，但一旦拿到了錢，後來又被抽走，感覺就變了，遊戲不再有趣，有錢才好玩。

　　有獎金的參與者比沒獎金的多拿了幾塊錢，他們得到了實質的回報，但也失去了一些東西：另一組人體驗到的快樂。

　　品克參考了超過一百份的研究，每一份都顯示類似的結

果：在很多情況下，錢會使人失去動力、變得消極。從遊戲的表現到捐血率，再到決定是否允許你住的城鎮使用核能，研究人員都在這些案例中發現，若沒有牽涉到金錢，人們工作會更有效率，也會比較大方；一旦牽涉到金錢，人們的表現就沒那麼好了，他們變得小心翼翼，不想失去任何利益。

一旦把金錢當作生活和社會的地基，就限制了我們的潛力，無法激勵我們做最好的自己，也並不會讓我們往金字塔頂端走。

品克命名了三種動機，與更高的自我價值觀相呼應：

1·自主：主導我們自己的人生

2·專精：對自己所做的事精益求精的過程

3·目的：超越小我的遠大目標

品克認為我們追求這些目標時會處於最佳狀態，而這些動機都很接近馬斯洛需求層次的最高層。

馬斯洛和品克的想法具有深遠的意義，也直接違背了財務利益最大化的精神。

他們的想法意味著，錢有該出現的地方，也有不該出現的地方，他們證明世界上很多重要的價值觀，跟金錢價值截然不同，他們也強調根據金錢以外的價值觀而做出的選擇也可以是理性、有利的。如果追求比金錢更高的價值觀，我們的潛力就會增長。

當今如何衡量價值

在過去的一百年裡，我們一直用GDP來衡量價值。GDP紀錄了國家的企業、消費者和政府每季度的支出（這是簡要的GDP計算方式，如果你好奇，可以Google一下實際的公式）。

當GDP上升時，企業、消費者和政府的支出會比以往來得多，以經濟術語來說就是「經濟成長」；GDP下滑的話，表示花的錢變少，如果持續至少六個月，就稱為「經濟衰退」。

將GDP的概念帶到這個世界的人是一位名叫西門·庫茲涅茨（Simon Kuznets）的經濟學家，他在大蕭條之後提出了GDP的概念，可以全面性俯瞰經濟體當下的狀況。不到十年，GDP就成了全球標準，現今幾乎世界上所有的經濟體都是用同樣的標準來衡量經濟。

當庫茲涅茨提出這個衡量標準時也指出了這個標準的侷限，在1934年提交到國會的原始提案中，他警告說：

「沒有任何收入衡量方法可以估計賺取收入的負面作用，也就是在賺錢過程中，努力拼搏的程度、不愉快的程度都無從得知，因此一個國家的幸福程度很難從上面定義的國民收入衡量中推斷出來。」

庫茲涅茨還表示因為有些人被迫犧牲個人安全或價值觀（努力拼搏的程度、不愉快的程度）來賺錢，我們不能斷定他們的收入就等於幸福感。

收支總帳也存在同樣的問題。

GDP追蹤的是花費了多少錢，而不是花錢的方式和原因。從GDP來看，花在家庭度假上的一千美元和花在離婚律師上的一千美元是一樣的，兩者都是一千美元的GDP，記錄的是金額，而不是為什麼。

那麼根據GDP，理想的公民應該要開著休旅車、罹患癌症（化療對GDP的貢獻相當可觀）、準備離婚，以及每晚外食。根據我們最主要的價值衡量標準，這會是個好辦法。如果我們都這樣生活，GDP會飆升。

當然，我們都知道這是不對的，但是當測量系統認定的好與我們親身經驗認定的好，存在如此大的差距時，問題就產生了，這個問題的核心來自於以下兩個長得很像的詞彙。

價值跟價值觀

雖然價值（value）和價值觀（values）只差一個字（英文差一個s），但我們往往視這兩者為截然不同的概念。

如果你問起別人的價值觀，你可能會聽到他們把心目中重要的理想描述得清清楚楚，屬於他們不可或缺的信仰和特質。

如果你問某人某物的價值是什麼，對方會想個幾秒，然後給出一個大約的價值感：答案可能是「很高」、「不多」、一個數字，或者與其他東西的比較。

我們認為「價值」（單數）指的是某物值多少錢，而「價值觀」（複數），指的是某個東西對某人來說有多重要。

價值表示金錢，屬於經濟學詞彙。

價值觀表示理想，屬於人文學詞彙。

價值是測量，價值觀是分類；前者是量化的，後者是質性的，但兩者都與事物的美好或重要性有關。

生活中到處都是衡量經濟價值的標準，像是價格、股票、GDP等金融指標。

價值觀也同樣圍繞著我們的生活，但是比較不明顯。

價值觀是一套古老而強大的運行系統，我們不太了解它們是如何運作的，甚至很難清楚地說出自己的價值觀是什麼，卻可以感受到價值觀帶來的影響。

價值觀決定了我們渴望成為什麼樣的人，讓我們重新省思我們真正在乎的事情是什麼，同時也是我們肩膀上的天使，提醒我們該做什麼，更讓我們知道什麼才是適合我們的選擇，以及適合的原因。

但是就像以上讀起來有點抽象的文字一樣，價值觀不容易認定，甚至更難衡量。

然而用經濟的角度討論價值時，這問題就不會困擾我們了。價值跟價值觀不同，價值觀充滿內心對話和哲學獨白，價值則以價格的方式呈現，每個人都能理解，錢是全球通用的語言，極為方便。

隨著財務利益最大化勢力擴張，社會從注重價值觀（是非對錯與意義）轉向注重價值（最大化、優化）。我們的選擇不再與理想有關，而是由金錢主導。

　　這一切都情有可原，因為價值比價值觀更精確，而且更容易在不同的情境中比較。衡量價值（單數）的技術工具很多，衡量價值觀（複數）的工具卻少得可憐，有量測的，勝過沒有量測的。

　　可是當我們對於價值的概念只剩下金錢，人們想要的生活方式和經濟指標認定的生活方式就會出現認知上的落差，這是很危險的認知偏差。

　　不要忘記，我們主要的價值指標（GDP）只有在花錢的情況下，才會將某事物視為有產值的東西。按照這種邏輯，谷歌和推特給世界帶來的唯一價值是它們銷售的廣告數量。知識的傳播不具任何價值，但搜集數據和定向廣告的產值可大了。這些服務的嚴重缺陷，恰好就是當今價值所認定的重點。

　　GDP認為人們在自己家做家事是沒有產值的（光是女性未計算的GDP就估計有十二兆美元），但打掃別人的家卻是有產值的。

　　GDP認為維基百科可能是負產值的東西，因為如果沒有維基百科，人們可能還會持續購買百科全書，所有維基百科的編輯志工就能把時間花在一些真正有產值的事情上，比如工作賺錢。

　　我的重點不是單純要批評GDP，如果超出度量標準可以量測的界限，任何度量標準就會變得很愚蠢、很瞎。

　　重點是，我們現在用的衡量系統，已經無法反映價值的真實情況了，要解決這個問題就不應該忽視感官以外的認知，而

是要學會更多我們目前理解範疇之外的價值觀。金錢價值的確是很關鍵的價值，但我們心知肚明，它不是唯一的價值。

我們目前的處境一點都不奇怪，我們投入了大量資金來優化一切，我們「衡量真正重要的事情」，因此要是我們沒有或無法衡量這件事，就表示它無關緊要，加上價值觀本來就不是我們現在已經知道要如何持續評估衡量的東西。

我們思考價值的方式，使我們卡在馬斯洛需求層次中較為低層的地方。如果我們只看重低層次的價值，會忽略什麼更高的價值觀呢？為了找到更高的價值觀，我們需要用不同的方式來看世界。

第七章

便當原則

擴大視界

　　在我想要描寫主導當今世界的個人利益時，腦中浮現了一個簡單的圖表：X軸代表時間，Y軸則是代表某種價值（金錢、權力、銷售量等等），正以指數增長。

　　在商業界和科技業界，這叫做「曲棍球桿」曲線圖，不管曲線代表的是什麼，曲線往右、向上爬升，顯示的都是可觀的成長速度。對任何決定來說，這曲線都代表最棒的結果。

　　但這種版本的「成功」只佔了生命裡那麼一丁點，就在我們念茲在茲追求個人利益最大化的同時，也錯過了一個更遼闊的世界。只要我們退一步，更寬廣的視野便會開始浮現。

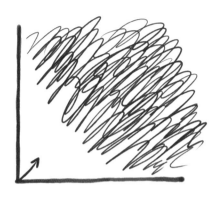

　　我們追求的個人利益不會到我們身上就停下來，我們並非與世隔絕，而是活在人群之中。我們做的決定會影響他人；他人的決定也影響著我們；我們的決定也會影響到未來的自己。

　　我們可以在圖表上看到這一點，代表時間的 X 軸從現在一路延伸到未來，代表個人利益的 Y 軸從你（「我」）延伸到你的家人、朋友、社會（「我們」）。

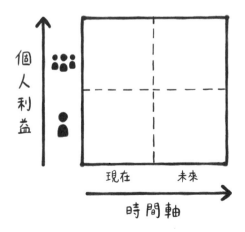

　　在這種個人利益的擴大觀點中，我們現在想要的東西還是在框架裡頭，而其他合理的觀點也同樣包含在裡頭。要一併列入考慮的還有未來的自己、我們關心的人、我們孩子的未來，還有別人家小孩的未來都要一起思考。

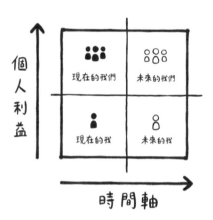

　　這邊的每個空格都影響著我們，同時也受到我們影響，他們的觀點位於我們合理的個人利益範圍中。

　　我把這種看事情的角度稱為「便當原則」（Bentoism）。便當，指的就是日式餐盒的那種便當。

　　便當（弁当 bento）源自日文，意思是方便。便當盒總是充滿各式各樣的菜色，每一種菜餚份量不會太多，體現了日本八分飽（hara hachi bu）的哲學，意思是一頓飯的目的就是八分飽就好。便當盒創造了一個方便又健康的隱藏預設。

　　便當原則就是一個包含我們的價值觀和決定的便當盒，代表一個我們對於合理個人利益更均衡的看法，這方法可以重新發掘今日難以復見的價值觀。

囚徒的便當

　　先前我提過囚徒困境，一場遊戲裡的兩位參與者，分別位於不同偵訊室，必須得在堅決對夥伴忠誠並入獄服刑，或是出賣對方並獲得自由之間作出選擇。由於遊戲的規則，出賣同夥會是最合理的選擇。

　　你可能還記得，當蘭德智庫的祕書進行這個遊戲時，他們並沒有出賣對方，而是同心一氣，取得總刑期最短這個最棒的遊戲結果。可是用遊戲的邏輯來看，他們的表現並不合乎常

理，理性的做法應該是要符合自身最大利益，也就是出賣夥伴，而不是維持對夥伴的忠誠。

以便當原則的角度來看囚徒困境，會是什麼風景呢？

要得到答案，得問問便當盒的每個格子這個問題：我們究竟是要忠於夥伴還是出賣夥伴？便當盒的格子會如何回應這個問題？

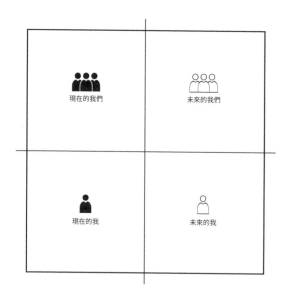

現在的我（Now Me）代表最自私自利的立場。它得保護自己，只要可以避免牢獄之災，什麼都可以跟執法人員講。

現在的我們（Now Us）會考慮到身邊的人們、他們的需求，以及我們的選擇對他們會產生什麼影響。它的本能是要團

結合作，它不想讓我們的夥伴坐牢。

　　未來的我（Future Me）代表你想要成為的人。它不想要你做出將來會後悔的決定，它會提醒你自己的價值觀（不管那些價值觀是什麼），並且鼓勵你忠於自我的價值觀。

　　未來的我們（Future Us）代表你希望下一代所擁有的世界，代表萬事萬物應當如何運作，世界運行之道。未來的我們寧願住在一個可以相信彼此的世界，也不要活在一個無法互信、爾虞我詐的世界。

　　內心交戰的聲音主要來自於現在的我和現在的我們，不過下決定的是未來的我所秉持的價值觀，影響最後決定的關鍵是一個人的價值觀。

究竟是要保持沉默還是開口認罪？

你永遠都不應該背叛朋友	這世界需要更多的忠誠
現在的我們	未來的我們
☆保持沉默	☆保持沉默
我不想坐牢	我的人際關係最重要
現在的我	未來的我
☆開口認罪	☆保持沉默

　　蘭德智庫的祕書之所以做出現在的我們的抉擇，而不選現在的我，就是因為他們的價值觀吩咐他們該這樣做。而根據遊戲設計的邏輯，這並不合理，因為他們沒有將個人利益最大化；但是以便當原則的角度來看，他們的行為合理，符合個人利益，只是這裡的個人利益比囚徒困境的視角還要寬廣一些。

　　囚徒困境展示了創造個人最大利益的合理性，同時也突顯了我們對於個人利益的視角有多狹隘，一旦我們視角狹隘，看不到現在的我以外的視界，整個世界看起來就像是一個爭奪私人利益的戰場。財務利益最大化之所以掛帥，就是建立在這個狹隘的視角。當我們對於合理個人利益的認知受到侷限，我們的價值觀也會跟著受到侷限。

擴大價值範疇

　　便當原則不是把一切砍掉重來這種不切實際的想法，它建立在我們所處的世界上。

　　便當原則跟財務利益最大化一樣，所努力奮鬥的也是合理以及可衡量的原則，便當原則嘗試將財務利益最大化的一些工具擴展到更廣泛的價值觀。便當原則和亞當・史密斯立場相同，都認為人們追求合理的個人利益時，好事就會發生。

　　不過便當原則也認為我們對於「合理」跟「個人利益」的定義太狹隘了，我們認為合理的價值就是金錢價值，追求個人利益就是要滿足我們眼前迫切的欲望，但是這兩種觀點跟完整

的價值和合理的範疇差距甚大。

現今的思維是：

1・按照個人利益行事是合理的。

2・追求最大金錢價值符合個人利益。

3・因此，財務利益最大化向來都是合理的價值觀念。

便當原則認為：

1・按照個人利益行事是合理的。

2・你的價值觀以及所處情境會形塑你的個人利益。

3・因此，做出符合特定價值觀和符合特定情境的決定，
　　向來都是合理的。

亞里斯多德（Aristotle）說，價值在於「按照事物本質採取適當行為或發揮適當功能」。便當原則的目標是幫助我們找到做任何事情所依循的適當價值觀，以及衡量的方法，雖然聽起來相當簡單，但這可是讓我們得以擺脫財務利益最大化主導地位的關鍵改變。

財務利益最大化強化了對於價值的單一觀點，唯有金錢和金錢的小弟，例如嫉妒和貪婪，才能按照他們的本質發揮功能，所有其他的價值，都必須聽命金錢老大的要求才能發揮功能。科學只要能產生利潤，就有價值；創意只要能產生票房，就有價值；慷慨大方只要能提升品牌識別度，就有價值。

可是價值不是單一的，價值是多元的，不同的人和不同社會本來就會追求、跟隨不同的理想。不同的情境之下，本來就需要不同的價值觀。

　　如果你想決定到底要投資甲公司還是乙公司，合理又適當的決定方法就是看哪一家公司投資報酬率比較高，如果看的是哪一家公司比較勇敢還是比較漂亮，就不太會得到理想的結果，這些特質沒有直接參考價值。

　　法官判決法律訴訟哪一方勝訴時，合理又適當的做法，是看重正義與司法的價值觀，而不是看哪一方比較迷人、影響力較大，或是誰花比較多錢打官司。

　　反正該遵循的原則就是這樣，可是財務利益最大化取得了主導力量，讓理當主導我們正確思考的價值觀和人生哲理，在財務利益最大化面前發揮不了作用。財務利益最大化在某些領域本來就該享有主導地位，但它也強佔許多本屬其他領域的主導地位，紐約下東區的社區價值觀被金錢價值消滅，就是一個例子。

　　財務利益最大化要求我們專注在當下時，其他價值觀卻讓我們視野遼闊。愛給我們勇氣，讓我們放下自私自利，成為更好的伴侶；恆毅力，在我們即使已經想放棄了，也鼓舞著我們要繼續拼下去；勇氣激發我們面對危險的任務。這些價值觀本來就需要我們為了更大的回報，去犧牲我們眼前的個人利益。

　　這些決定受到當今合理個人利益的影響，都走偏了，除了某些特定情況之外，專注在金錢價值往往會使我們錯過可以帶來最好結果的價值觀和衡量方法。金錢價值對於價值觀的看法過於狹隘，在這些情況之中，金錢以外的價值觀，應當才是引領我們前進的價值觀。

金錶

　　在電影《黑色追緝令》（Pulp Fiction）裡頭，布魯斯·威利（Bruce Willis）飾演一名叫做布奇（Butch）的拳擊手。

　　布奇是一位拳擊老將，只剩最後一場拳擊賽要打，而且在一位黑道賄賂之下，他答應故意放水輸掉比賽。布奇很盡責，一直複誦「第五局我就倒下」給這位黑道聽。

　　可是第五局的時候，布奇沒有聽話照做。他打贏比賽，陰了黑道一把，接著跳出窗外。安全抵達汽車旅館之後，準備跟愛人法比恩（Fabienne）亡命天涯。

　　只不過。

　　只不過在準備逃命的時候，布奇發現法比恩忘記拿他的手錶了。這手錶可不是一般的手錶呀，這可是戰爭英雄、他的老爸的金錶，就是克里斯多夫·華肯（Christopher Walken）飾演的角色在電影前段描述，聽過一次就忘不了的，那一隻他們藏在某個不舒服的地方[15]的金錶呀。

　　雖然幾乎是百分百確定黑道在堵他了，布奇還是決定回去拿手錶。之後布奇說，這個舉動讓他經歷了「絕對是這輩子最詭異的一天」，說得委婉一點，就是有好幾次跟死亡擦身而過，然後好幾個人死了，這一切都只因為他回去拿手錶。

15 **某個不舒服的地方**　為了躲避盤查，塞在肛門裡頭。

所以布奇決定回去拿手錶合理嗎？

表面上這似乎是個很怪的問題，可是各位不要忘記，當今世界的隱藏預設立場，是將眼前的利益最大化，這才是唯一合理的行為。布奇的行為是這樣嗎？布奇有沒有追求個人最大利益呢？

似乎不是如此，如果要符合合理的個人利益，再買一隻手錶不就得了？但是布奇這個看似理性不過的角色，卻選擇要回去拿。

在你認為布奇這種瘋狂的決定只會出現在電影裡面之前，我們應該要思考一下，有沒有什麼觀點可以讓這個選擇變合理？試著透過布奇的視角來看，有沒有哪些價值是只有他看得到，但我們卻沒看到的？

在導演昆汀‧塔倫提諾（Quentin Tarantino）《黑色追緝令》的原著劇本當中，最後發行的電影版沒有剪進去的一幕，可以幫忙解答這個問題。在這一幕裡頭，布奇在開車回去的路上，開始懷疑自己的決定，他把車子停在路邊，下車開始自言自語。

布奇：
我才不要回去拿，幹這個就是要快狠準，但我現在拖拖拉拉的。老爸絕對可以諒解的，要是他現在在這裡，一定會跟我說：「布奇，冷靜點。不就是一隻該死的手錶嗎？弄丟了，再買一隻就好了呀，你現在是

在玩命啊，這是你最不該做的事，因為命只有一條。」

布奇繼續來回踱步，但他現在安靜下來了，然後⋯⋯

布奇：

這是我的戰爭。布奇啊布奇，你現在可能忘記了，這隻手錶不光只是讓你看現在幾點的機械呀，這手錶是一個象徵，代表老爸、爺爺、曾祖父在戰場上表現出眾的象徵。當我收下馬沙・華勒斯（Marsellus Wallace）的錢，我就開戰了，這是屬於我的第二次世界大戰，在北好萊塢的那間公寓，就是我的威克島戰役。坦白講，如果你用這個角度來看，法比恩忘了拿手錶，根本就像是注定好的命運；用這個角度來看，回去拿手錶一點都不蠢。或許很危險但並不蠢，因為在這世界上，有些東西是值得回頭去拿的。

在布奇的獨白裡頭，我們聽見了他做決定的過程，整個過程聽起來就像他在確認他的便當格子。

現在的我說離開吧，不就只是隻手錶。「我才不要回去拿，幹這個就是要快狠準，但我現在拖拖拉拉的。」

現在的我們說，你替法比恩想想，然後快點離開。「你現在玩的是你的命。」

未來的我提醒布奇他的價值觀，而且鼓勵他要忠於自我。「這隻手錶不光只是讓你看現在幾點的機械呀，這手錶是一個

象徵。」

　　未來的我們告訴布奇這個手錶象徵他的家族遺產，他**得**回去拿。「法比恩忘了拿手錶，根本就像是注定好的命運。」

找要回去拿手錶嗎？

想想法比恩吧，它只是隻手錶 現在的我們 ☆**不要回去**	布奇家族遇戰從不退縮 未來的我們 ☆**要回去拿**
不值得為了手錶送命──快離開！ 現在的我 ☆**不要回去**	這隻手錶是我的遺產象徵 未來的我 ☆**要回去拿**

　　透過便當原則的鏡頭來看，布奇的決定就合理了。正如他所說：「或許很危險，但並不蠢，因為在這世界上，有些東西是值得回頭去拿的。」像是價值觀就是。布奇藉著使用類似便當原則的觀點做出合理的抉擇，找回自己看重的價值觀，拿回手錶，繼續活下去。

便當價值觀

在複雜的世界裡，財務利益最大化簡化了所有事情，它像隻鐵鎚，把人生所有方方面面都變成了釘子，沒有它擺平不了的事。目標只剩下一個，就是賺越多錢越好，其他的事情，自然會有解決之道。

另一方面，布奇的便當原則思考過程，搞得很像繁瑣的**工作流程**。他先是自我檢視，然後進行調整，乍看之下，這似乎很費力，甚至到了麻煩的地步了。什麼？還有另一件事情要考慮喔？

十五世紀末，螺絲起子剛發明的時候，有些人可能就是這麼想的。在那之前，每個問題就像是等待被鐵鎚敲下去的釘子，所以何必發明另一個東西把事情變得更複雜？鐵鎚不就蓋好挪亞方舟了嗎？這樣還不夠好嗎？

當時人們其實不曉得，只有鐵鎚的人生是受到侷限的。螺絲起子開啟了許多的可能性，建築工事變得更為精密細緻，材質變得更輕，工程的新領域誕生了，這一切都只是因為一個新工具。

便當原則也是一個工具：一個價值觀處理器。「我的便當會怎麼看？」等同於「要用十字起還是一字起？」這個問題的形而上哲學思考版本，可以讓我們自我檢驗手邊的問題該怎麼處理最好。

每一個便當方格都有自己的核心價值觀，以及設定該方格

標準的衡量方法，他們並不包含所有可能的價值，只在最根本
的層次進行探討。

現在的我

　　現在的我重視的是此時此地的當下，代表我們現今的生
活。現在的我的便當格裡，主導的價值觀是安全感、快樂、以
及自主。

　　安全感（Security）反映的是馬斯洛需求層次理論的第
一層。安全感是促使我們追求自給自足的內在聲音，驅動我們
追求最符合自身利益的金錢，這個價值觀主導著現在的我，因
為現在的我的職責就是要保護我們免受傷害。

　　快樂（Pleasure）則是萬用牌。快樂可以是做某件事時
合理到不行的理由，只要是人，都會追求快樂、享受快樂，但
快樂也很容易使人走偏。現今大部分活動追求的，不是安全感
就是快樂。

　　自主（Autonomy）是可以自由決定我們要做什麼以及

不做什麼。自主有不成熟的狀況（忠告聽不進去），也有成熟的狀況（找到自己最擅長的，並且用對我們最有益的方式去做）。有些人認為，追求自主是最終目標，但有些人則覺得很恐怖。打個比方來說，很需要安全感的人可能會為了能夠持續擁有安全感，而自願放棄自主。

現在的我們的便當格是我們與他人的關係和互動。現在的我們的便當格裡，主導的價值觀是社群、公平、傳統。

社群（Community）指的是我們的家人還有其他與我們互相依賴的人。他們需要從我們這得到什麼，以及我們需要從他們那得到什麼？情境背景會決定什麼人可以歸類在這個格子裡：家人、朋友、同事、鄰居、擁有相同信念、甚至是一起在遊戲中打怪的人。

公平（Fairness）的原則不只套用在我們關心的人，也適用於我們設身處地著想的其他人。公平要的是，己所欲，施

於人;公平要的是正義,就只是純粹的正義而已。公平之所以重要還有另一個理由,在未來,金錢價值將不再是唯一,而僅僅是**一種**市場價值的指標,當有價值觀衝突的時候,公平會成為指引我們的原則。

傳統（Tradition）透過慶祝相同體驗和儀式,來創造及強化**我們**這個概念。我們遠遠低估了傳統的力量與益處,傳統創造了與過去相似的體驗,也透過傳承在未來創造相似體驗,藉此積累生命的厚度(「你小時候睡這張床,現在你女兒也睡在這。」、「法比恩忘了拿手錶,根本就像是注定好的命運。」)。

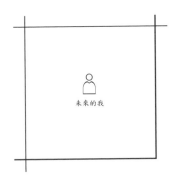

未來的我

未來的我看重的是留給子孫後代的事物以及個人價值觀。未來的我的便當格裡,所主導的價值觀是精益求精、目的和恆毅力。

精益求精（Mastery）指的是充滿熱情地想要變得更加精

通熟練，不管原本已經有多好，仍然想要更上一層樓。精益求精正是壽司之神小野二郎連做夢都夢到壽司，以及每一張披頭四專輯都比上一張更好聽的原因。精益求精過程中的成長，是最純粹的目標，精益求精不會要求更多地球或是任何人的資源，而是要我們自己付出更多。

目的（Purpose）讓我們的選擇清楚、明確、有意義。目的琢磨我們的天分，並將其聚焦在值得的地方；目的讓平凡無奇或是看似討厭的事情變得有意義；目的可以是宗教、理想或是目標。

恆毅力（Grit）展現的就是一種堅持到底的態度。恆毅力鼓勵我們恪守自我的價值觀與信仰，活出自己想要在告別人世之後，被後人記得的樣子。

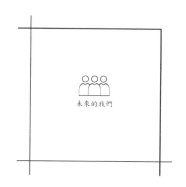

未來的我們

最後，未來的我們看重的是下一代子孫所生存的世界。未來的我們便當格裡，主導的價值觀是覺知、永續性和知識。

　　覺知（Awareness）要求我們思量事情可能會引發的後果。我們是否想過，面對抉擇，要是每個人都作出一樣的選擇，會發生什麼事？我們思考過長期的影響嗎？我們預測未來預測得很辛苦是有原因的：「世界變幻莫測，猜不著。」但是當中其實有很多改變是我們審慎研究之後可以預測的，和平靠預防災難存在。

　　永續性（Sustainability）鼓勵我們做出可以長久延續下去的決定。我們明白因為現今的氣候變遷，許多永續解決方案遲早得要實行，但卻因為覺得「負擔不起」就不做了，根本是背道而馳。我們可以為了未來犧牲現在，可不能為了現在犧牲未來。

　　知識（Knowledge）提升我們覺知、永續性與其他有價值事物的能力。知識的累積與運用擁有乘法的力量，可以激發科技、科學、哲學到新生活方式等等的所有事物，知識增長會提升社會所有的面向。不過因為知識會挑戰既有的秩序，因此人們常常恐懼和鄙視新知識。畢竟，亞當和夏娃被逐出伊甸園，就是因為吃了善惡知識樹上的善惡果呀。

　　以下是所有的便當格子以及其主導的價值觀。

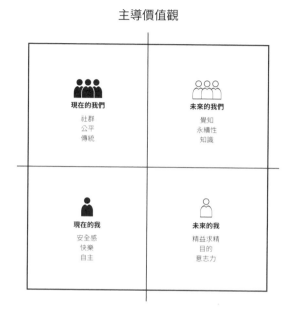

便當原則讓我們的視角更加寬廣，不受現在的我所限，並
挑戰大家原本認定金錢價值是唯一需要考量的合理價值，這種
假設的正確性。這裡所有的價值觀都是行動背後的正當理由，
說明了某些事情該或不該發生的原因。

什麼是有合理價值的？

我們合理的個人利益又是什麼？這些答案遠遠大於我們的
想像。

沿著這幾條思路而擴大的理解範疇，並非前所未見，只要
去看個醫生，自己去體會一下就知道了。

「醫療」的演變（How Health Became Healthy）

在1881年七月一個炎熱的週六上午，剛上任沒多久的美國總統詹姆斯・加菲爾德（James Garfield）走進華盛頓特區的火車站。

加菲爾德準備上火車時，人群中衝出一個人，拔出手槍朝他背後射了一槍。加菲爾德大叫：「老天呀，這什麼東西？」那人又補了一槍，加菲爾德倒地時仍有意識。

子彈沒有打中器官和脊椎，但有一顆卡在體內。醫生很想快點把子彈取出來，十五位醫生用手指和一些器具在傷口內找子彈時，用的是香檳和嗎啡來幫加菲爾德止痛，但是後來子彈沒找到。

加菲爾德雖然撐了過當天晚上，但在傷口反覆地挖子彈，卻造成了更嚴重的問題——他們沒有進行任何形式的消毒。

傷口感染發炎，加菲爾德痛苦萬分。骯髒的手指頭在溼熱的環境中，對化膿的開放性傷口又戳又挖，引發血液中毒和肺炎。總統的體重從二百磅掉到一百三十五磅，痛苦了七十九天後身亡。

日後，加菲爾德的刺客接受審判時表明：「殺死加菲爾德的是醫生，我只是開槍射他而已。」他仍被判有罪，過沒多久就被執行絞刑。

從今日的角度來看，刺客的說法並非毫無道理，加菲爾德

如果是現在中槍受傷，可能只要幾天就可以出院，而不是命喪黃泉。

事件並非發生在很久以前，可當時甚至連美國總統御醫，都不具備現代人認為是最基本的健康常識。1881年時，細菌對人類來說還是個新觀念，歐洲外科醫生約瑟夫・李斯特（Joseph Lister）在1865年發明了消毒殺菌方法，教導醫生要把雙手、醫療器材、傷口消毒乾淨，當時在歐洲越來越多人進行消毒，但同時間的美國還沒有廣泛採用這種消毒方法。十幾位總統御醫當中，甚至有一位聽過李斯特的演講，但不幸的是，那位醫生對於消毒殺菌並不買單。

不是只有這些總統御醫能力不夠而已，過去二千多年來，許多醫生可能還比較擅長搞到病患病情加劇，而不是好轉。幾乎在整個人類歷史中，醫療過程一直都令人害怕。

不過從十九世紀開始，醫藥能治病這種神話，像奇蹟一樣開始變得真實可信，新的發現讓先前虛假的承諾得以實現。

醫療極簡史

很久很久以前，第一個偉大的醫療新觀念問世了。大約是西元前四百年那麼久，人稱醫學之父的希波克拉底（Hippocrates），是首位發現人類的健康與疾病源於自然因素（飲食、環境、生活習慣）而不是遭天譴的醫生。在此之前，人們普遍認為疾病是超自然的現象，男男女女都必須按照神的旨意

行事，才能顧好自己的健康。

希波克拉底和他的弟子努力從實際病理的角度，來改變世人的看法。他們仔細將病歷、症狀進行分類，以診斷疾病，當時的諸多發現和想法至今仍具價值。

不過，這是西元前四百年。當時人們對於身體內的構造、功能及疾病來源等認知錯得一塌糊塗。希波克拉底相信「四種體液」的理論，認為人體健康是由四種液體調節而成：血液、痰、黃膽汁和（實際上根本不存在的）黑膽汁，生病是因為四種液體失衡了。

接下來的二千二百年，醫生都是這樣認為的。你沒看錯：超過二千年喔。1800年代的人去看醫生得到的治療，可能跟耶穌的年代一樣。這不難理解，當時沒有工具可看到活人體內的結構，即便是人死了，屍體也因為埋葬的習俗而沒有解剖的機會，醫生就像是蒙著眼睛在空中飛。

在這二千二百年期間，多數的疾病皆採用以下三種方法來治療：淨化（催吐或腹瀉）、灼燒（在皮膚上放熱鐵）、或是最常見的方法——放血。放血就是要切開動脈（如果你比較酷炫，還可以用水蛭），故意讓病患失血，最好是放血放到病人昏過去，人們認為這樣可使體液回到平衡狀態。

當時的放血，就像是我們現在「頭痛就吃普拿疼」一樣，這種做法持續了二千多年。

直到十九世紀中葉，情況才開始轉變。

有三個主要事件促使了改變。布達佩斯的伊格納茲・塞麥

爾維斯醫生（Ignaz Semmelweis）發現醫生不乾淨的雙手上面的微生物，是導致產褥熱的死因之一；巴黎的科學家路易·巴斯德（Louis Pasteur）證實了細菌的存在，提出細菌理論的新觀點，並且找到塞麥爾維斯醫生理論之中，造成產褥熱的微生物；蘇格蘭的醫生約瑟夫·李斯特透過把細菌理論應用在手術醫療，建立了消毒殺菌的方法。在李斯特的創新發明之前，有超過八成的病患死於術後感染。

在這些發現問世之後，醫生及科學家終於明白，人體體內到底發生了什麼事情。而且透過反覆試驗，他們首次學會如何利用這些微生物，為人類健康帶來正面的影響。

可是在這些發現問世後的十六年，加菲爾德總統還是死了，表示當時的人並沒有立刻接受這些觀點。塞麥爾維斯醫生發現產褥熱的原因之際，沒有任何慶祝讚頌，只有反對。承認醫療方式無效，等於承認醫生需要對之前死亡的病患負責，這並不是可以輕鬆面對的事。

但新知識的洪流終究形成一片天地，成為日常慣例，病菌和微生物的發現為公共環境衛生帶來了巨大改變。在二十世紀，嬰兒死亡率降低了90%、孕婦死亡率降低了99%，而人類平均壽命幾乎多了一倍。在1950年普遍使用的藥物中，有一半是1940年代的人完全不知道的。由於平均壽命延長以及醫藥發展，能夠享受祖孫情的人是前所未有的多，這個世界已經變了。

如同歷史學家戴維·伍頓（David Wootton）所說，醫學

是從「科學的幻想」演變成一門實際的科學。這是怎麼發生的呢？背後有三個驅動力，這些驅動力量往往在有重要進展的時代中出現。

首先是**技術**（technology），但不單是指醫學技術。醫療的轉變始於印刷機的發明，使得醫生可以輕易對照技術和結果之間的關係。印刷術問世之後，一連串的科技問世，包括顯微鏡、聽診器、數據表（用來分享實驗結果）、麻醉技術、電腦及其他可幫助我們更妥善觀察及影響人體狀態的工具。

接著是**量測**（measurement）。即使是最簡單形式的量測，也可以帶來徹底的變革。伊格納茲·塞麥爾維斯醫生透過計算兩個產房的死亡率發現產褥熱的死因；約翰·斯諾（John Snow）醫生則是透過計算各地區的死亡人數，並找到造成民眾感染的抽水池，成功阻止倫敦爆發霍亂；透過計算死亡率，才知道放血放了二千二百年，原來對人有害。量測省去了人類的猜測，明確顯示出什麼管用、什麼不管用。

最後一項是**專屬性**（specificity）。有了技術及量測的協助，人們終於明白身體是由不同部分所組成的系統，各部位彼此連結，但運作方式各自不同。身體的各部位有專屬自己的健康之道，沒有一個通用的療法。我們現在知道癌症有不同種類、不同期數，也知道膽固醇跟脂肪有好有壞，每天都發現更多細微的差異（這裡的專屬性跟亞當·史密斯在《國富論》一書中提到的專屬性，是相同的驅動力，也是開啟經濟成長的重要關鍵）。

因技術、量測、專屬性的驅動力量，我們更明白醫療與健康是怎麼一回事，醫學變成真實的技術，因此我們能活得更久、活得更好。

相同的事情可以再發生一次。

財務利益最大化的價值就如同放血在醫學上的價值，屬於那個世代最先進的答案，但並非是最終的答案。從價值的角度來看，我們仍處民智未開的黑暗時代，根本連邊都構不著，我們還不知道自己不知道什麼。

便當原則是價值的入門級顯微鏡，可以從一倍放大到四倍。有了更寬廣的視角，讓我們更深入了解醫療的這股力量，同樣也能讓我們對於價值有更深的體會，我們創造價值的能力，會因此而大步向前邁進。

金錢（續）

蘭德智庫的祕書和《黑色追緝令》的主角布奇所做的價值判斷看似不多，但是計算起來並不容易。布奇和祕書得把過去的經驗，套用在當前的情況，找尋更深層的動機，並比較各種天差地遠的價值觀。

這比典型的演算法更厲害，演算法是透過進行幾百萬次不需要承擔後果的模擬來學習算式，以便找出哪個選項最有可能產生理想結果。這是靠蠻力來發現結果，就像是愛迪生（Edison）做了數千次的實驗之後，才找到適合拿來製造燈泡燈絲

的混合物。

我們人類無法進行一百萬次反覆計算，我們一生只活一次，因此必須得找遍所有工具，以做出最好的決定。

這也說明了更寬廣的價值觀範疇有多重要，價值觀是建立在老祖宗的集體智慧以及文化影響上，集大成於一身的引導系統。價值觀會決定是非對錯，忽視價值觀，後果得自負。

便當原則運用合理的方法，將視野擴展到更寬廣的價值觀範疇，它會在我們思維之中建立肌肉記憶，讓我們能進入這些雖然重要，但比較難進入的便當格子。更好的選擇和更有影響力的價值觀，正在這些格子裡面等待被挖掘。

擴展價值範疇並非不合理的選擇，持續忽視它才不合理，因為有人已經開始學習這麼做了，擴展價值的想法不只是合理的下一步，更是一種競爭優勢。

第八章

愛黛兒巡迴演唱會

愛黛兒是全球最知名的流行音樂創作歌手之一，榮獲十五座葛萊美獎以及一座奧斯卡獎，《19》、《21》、《25》三張專輯總銷量超過六千萬張，而這三張專輯的名稱就是愛黛兒創作時的年紀。

獲得這些成績的愛黛兒是位思想獨立的音樂人，在南倫敦[16]出生長大的她並非出身名門望族，母親很年輕就生了愛黛兒，父親在她兩歲時離開。愛黛兒青少年時，靠著一首放在Myspace上面的樣本唱片，被一家小型、有影響力的獨立唱片公司發掘。

身為流行歌手的愛黛兒，一直對自己過去的背景感到自豪。2015年，她在挪威的一場訪問中說道：「我的人生這麼瘋狂，居然還能讓這麼多人感同身受、喜歡我的歌。」

從專輯破紀錄的銷售數字來看，人們的確對愛黛兒的音樂很有共鳴，但聲名大噪卻造成一個問題：演唱會門票一開賣，就立刻秒殺。她的演唱會門票原本票價約五十美元（價格遠低於與她同等級的歌手），秒殺後立刻出現在門票拍賣網站上，價格被哄抬，貴了好幾百，甚至好幾千元。

怎麼會發生這種事呢？難道愛黛兒的粉絲特別有商業頭腦嗎？有可能。但這裡的情況並非如此，是黃牛搞出來的，利用一些專業手法，搶下愛黛兒演唱會最好的座位門票，然後再天價轉售。

以前禁止販賣黃牛票，但在財務利益最大化的年代，抬價出售變成主流，算是價值最大化的入門課程。

　　歌手布魯斯‧史普林斯汀（Bruce Springsteen）的經紀人一直非常反對黃牛票的買賣，但他說：「現在已經很多人能接受黃牛的行為，過去人們對黃牛的負面印象已經消失了。」從看重價值觀變成看重價值，這種轉變也改變了我們的觀點。

　　票務大師售票系統（Ticketmaster），甚至是一些藝人，有時也是共犯。加拿大廣播公司的調查發現，票務大師售票系統開發工具賣給黃牛，讓黃牛可以大量購買門票，售票系統便可從中取得額外報酬。從《華爾街日報》的報導發現，藝人和票務大師售票系統會一起合作，將演唱會上最好的位置保留在票務大師的二手門票網站上拍賣，沒有人發現黃牛票是藝人跟售票系統聯手販賣的。

　　愛黛兒大可以依樣畫葫蘆，讓市場機制來操作，並從中分一杯羹。人紅真好，是不是？

　　但事情並未如此發展，因為如果讓市場決定誰有資格看愛黛兒的表演，結果就會變成愛黛兒只為有錢的歌迷表演，或是不那麼有錢，但為了要看表演還是得咬著牙花了不該花的門票錢的人。歌手湯姆‧威茲（Tom Waits）的工作人員告訴《滾石》雜誌（Rolling Stone）：「我們不想要讓人只為了看場表演，而花掉所有可支配所得。」

　　愛黛兒身為全球最受歡迎的藝人之一，影響力相當大，她

16 **南倫敦**　屬於比較窮困的區域，以往多是藍領階級居住。

試著尋找創新的解決辦法，但真的有其他辦法嗎？

＊＊＊＊

愛黛兒在2015年宣布發行睽違了四年的新專輯並展開巡迴演唱會，與此同時，她宣布巡迴演唱的部分票務會和一間位於倫敦的新創演唱會售票業者Songkick合作。

Songkick開發出一種演算法，能辨別出藝人「最忠實」的鐵粉，並為他們開闢專屬的門票銷售管道。這樣的做法一石二鳥，一來是因為鐵粉本來就該好好獎賞，二來則是因為他們是最不可能轉售門票的人。

在某些特定的場次中，愛黛兒有高達四成的門票會交給Songkick進行銷售，而這套模式確實可行。Songkick售出的門票中，只有不到2%被黃牛拿走，而傳統的售票方式，會有將近20%的票落到黃牛手裡（其中很多票都漲到好幾千元）。Songkick的演算法成功擋住黃牛，而粉絲能用合理的價格觀賞演唱會。據估計，不必透過黃牛購票的忠實歌迷，一共省了六百五十萬美元的門票費。

這種做法對歌迷來說真是一大勝利，但從另一角度來看，卻讓人有點不安。忠誠度演算法感覺就像是反烏托邦科幻小說裡的東西，它推翻了長久以來的重要原則──先排隊的人先買票。科技再次顛覆老舊做法。

但多虧了這些很懂得運用科技的黃牛商，原來排隊買票的

做法已經行不通了，不過愛黛兒沒有屈服，為了不讓歌迷花大錢買黃牛票，她嘗試了不同的做法。

演算法的目的不在於創造最多錢，而是要最公平。這不代表巡演會變成某種伍茲塔克3.0版的露天免費音樂節[17]，歌迷還是得買票入場，表演最終還是要有利潤。但愛黛兒看到了更大的願景，她關注的焦點不僅是體育館和巨蛋滿場的歌迷，能替她賺多少門票收入，她還在乎進場的是哪些觀眾。

愛黛兒大膽的實驗就是便當原則看待價值的一個例子，愛黛兒並非只把焦點放在讓自己致富，她看到的是更廣泛的「個人利益」。愛黛兒將身為一般人、身為藝人、身為南倫敦地區女子的價值觀發揮到極致，讓演唱會的觀眾是因為忠誠，而不是因為有錢才能看得到。這不是圖利現在的我的巡迴演唱會，這是一場共好的現在的我們的巡迴演唱會。

藉著Songkick演算法的幫助以及用便當原則的角度看世界，愛黛兒做了一件意義非凡的事。她找到一個能夠不以金錢為目的，而做出以價值觀為主導的理性決定。

17 **伍茲塔克音樂藝術節** （Woodstock Music & Art Fair），預計舉辦三天，但因雨延長到四天。為一個營利投資事業，但在大量的遊客湧入後，變成一場「免費演唱會」。

三分球

NBA變得耳熟能詳是從1979年開始——因為兩件毫不相關卻同時發生的事情。

第一件事情知道的人很多，就是1979年大鳥博德（Larry Bird）和魔術強生（Magic Johnson）這兩位NBA歷史上最傑出的球星進入NBA。他們的進攻技巧，史詩般的精彩對戰，讓NBA瞬間爆紅。

但是產生更長遠影響的是1979年的另一個事件——三分球首次出現在NBA的比賽中。

三分球背後的想法很簡單，從距離籃框比較遠的地方出手，值得多給一分。但在第一個球季，每場球賽平均的三分球出手次數只有二點八次。三分球不像是大鳥博德或是魔術強生一樣，初登場就造成轟動，對球賽的影響微不足道。

球員起初不愛投三分球的理由很簡單，因為這動作比較困難。兩分球的命中率約有五成，而三分球的命中率不到三成，隨便算都知道，投兩分球比三分球容易，所以不要投三分球。

之後將近三十年的時間，投三分球都不是一件被鼓勵的事，教練和電視轉播員甚至譴責投三分球很自私，籃球不是這樣打的。

但在2000年到2010年間，人們對運動開始有了新的想法。2003年麥克‧路易斯在《魔球》一書中，描述一隊沒人看好的棒球隊，利用數據分析，擊敗了資源更多的對手，這本

書發行後，數據科學成為體壇的新焦點，包括籃球界。

高瞻遠矚的分析師開始提出新的問題，像是要從哪裡投籃**最有效率**呢？

這算是新的問題，為了要知道哪種出手方式最有效率，就需要新的測量方式；為了獲得必要的數據，就需要新科技。過沒多久，球隊開始使用特殊的攝影鏡頭掃描球場上所有動作。

分析人員和演算法就每場比賽進行鉅細靡遺的分類和測量，他們不只記錄投籃是否得分，還精確觀察球員得分時在球場上的位置、球員是否運球之後上籃、還是接到傳球後之後就投籃、離球員最近的防守球員、離多近、防守球員的身高等等，任何最微小的細節都不放過。

分析人員加總數據後的結果和傳統的戰術大相逕庭，結果顯示，除了上籃或灌籃之外，三分球居然是最棒的投籃方式。新的數據叫做「有效投籃命中率」，顯示三分球投越多的球隊，沒進的數量也更多，可是到了最後，得分比較多的還是投三分球的隊伍，結果還滿違反我們直覺的。

這幾十年來，人們將球賽視為籃球場上戰術的佈局，投得好的、投得很糟糕的、有做跟沒做的動作，結果突然間，那些籃球的老派打法受到全新價值定義的質疑。照這樣來看，我們以往打球的方式都錯了。

各個投球位置的有效投籃命中率

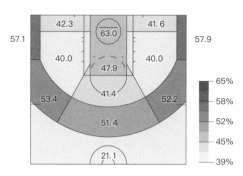

資料來源：NBA量化投籃品質，2014年（QUANTIFYING SHOT QUALITY IN THE NBA，作者：CHANG, MAHESWARAN, SU, KWOK, LEVY, WEXLER, SQUIRE）

可以想見各個球隊一開始都很懷疑。什麼鬼？讓電腦決定戰術？各球隊都敬謝不敏。但少數球隊開始嘗試投更多三分球後，結果超乎預期的好，其他隊伍便開始紛紛仿效，不到十年的光景，籃球賽就整個改頭換面，光是2017年至2018年球季的三分球數，就比80年代整整十年全部三分球的總和還多。

一旦我們發現價值的新樣貌，那麼它就會改變我們比賽的方式。

逃出鯔魚頭經濟

愛黛兒和NBA的分析師都在尋找逃離現況前往另一境界更好的辦法，愛黛兒想為歌迷呈現精彩的演唱會，NBA球隊想要贏球。他們跟其他人做的有什麼不同？在尋找其他的可能

性時，他們對價值有了更深的了解。

當愛黛兒找到演算法，可以幫助死忠歌迷到場看她表演，這時她追求的是跟歌迷的群體關係，而不是追逐金錢；當NBA球隊開始投三分球，他們的目的是要贏球，而不光只是投籃得分就好。

下這些決定並不容易，這不只是關乎現在，也不僅僅是他們的事，在這兩個案例裡，要獲得新的價值都得先犧牲眼前的好處，意味著巡迴演唱會的門票收入變少，也意味著更多球投不進。

這兩種價值觀得以出現，背後的驅動力量跟改變醫療的驅動力量是一樣的：技術、量測及專屬性。科技的運用讓愛黛兒的演算法得以成功；而忠誠度的量測，跟廣告銷售和電子商務推薦的數據導向策略雷同；Songkick改良這些量測工具，讓它們符合特定用途，即為愛黛兒和她的歌迷量身打造。數據資料使場上出現更多的三分球，也是類似的情況，分析人員利用量測工具找出球場上最佳投籃位置，逐漸改善比賽，強化三分球的價值。

就如同醫療與健康，擁護現況的人曾（現在還是）大肆批評這些新的價值觀。

三分球被視為一種花招，不能算是真正的籃球技巧，音樂界許多人也批評愛黛兒的門票策略不理性又毫無意義，甚至自以為是。**你哪根蔥啊，竟想要對抗市場機制？**演唱會活動及票務的壟斷業者理想國（Live Nation），曾私底下向其他藝人施

壓，要求他們不可仿效愛黛兒的行為。

愛黛兒不理會主流價值觀，她不是在找新的方法來榨乾歌迷的錢，而是在原本體系之外找尋方法，讓她能做些與主流背道而馳的事。從傳統理性的利己思維來看，這種做法太不理智了；但從愛黛兒的價值觀來看，這是合情合理的決定。

想像一下愛黛兒如果沒有做這個決定，而是像其他的藝人一樣和票務業者合作，利用黃牛票海撈一筆。

根據財務利益最大化的思維，這種做法堪稱完美，讓想看愛黛兒演唱會的人盡可能地掏出錢，才是市場最有效率的運作方式，這是賺大錢最自然的操作手法。

但這種選擇，也可能會導致愛黛兒和歌迷一起造成鯔魚頭經濟。

想想看，愛黛兒的歌迷花越多錢去看她的演唱會，就能為愛黛兒賺進越多的錢，而歌迷自己的錢會變得更少。並不難理解，為什麼票價訂得這麼高。這些錢來自歌迷的銀行帳戶，而歌迷往往不如他們所喜愛的歌手那樣富有。

從人性的角度反觀鯔魚頭經濟，又不是票價訂得越貴，就有越多人看得到演唱會，不管用哪一種方式售票，觀眾人數都是一樣的。除非你是黃牛，或是錢多到買得起前排座位，否則票價訂這麼高，對大家沒什麼好處。

愛黛兒的做法可能看起來毫無私心，但這樣的結論未免低估了愛黛兒行為的複雜度。她這麼做不是因為心地善良又純潔，她這麼做是為了要達成一個具有挑戰但明確的結果：「讓

演唱會裡的人們聚在一塊享受這個公平又專屬於大家的體驗。」愛黛兒把這些與眾不同的價值觀發揮得淋漓盡致。

當我們鼓起勇氣去擁抱更寬廣的價值，就可以產生不凡的影響力，那怕一個禮拜只有一天這樣做也很好。

星期天不營業

想要平衡金錢的影響力並不是什麼新潮的抵制行動。我們在更早的歷史中，就看過想要限制金錢影響力的事件。

想想看安息日，基督教和猶太人的安息日，便是刻意訂出一段時間來進行休息和禮拜，這樣做可以創造出一個空間讓其他價值觀得以存在，並沒有規定一定要做什麼，只有規定**不可以**工作。安息日是很聰明的安排，創造出一個不會受金錢影響的空間。

美國的安息日行之有年，因此制定了「藍色法」，規定商店在週日不可開門營業。雖然把星期天當成休息日起源於基督教，但藍色法也得到了工會和其他人的支持，他們認為安息日對民眾的生活有正面的影響，於是就將週日保留為普羅大眾的聖日。

如今，大部分藍色法的規定都已廢除，而且對許多人而言，神聖星期天的想法就像是遠古歷史一般，現在星期天是拿來運動、出遊、處理生活瑣事的時間，只剩下虔誠的信徒仍然相信應保留星期天來滋養心靈神性。

但是在安息日不碰金錢的文化並未完全在一般民眾生活中消失，事實上美國口碑最好的速食店福來雞（Chick-Fil-A）週日並不營業，這是美國大型連鎖速食店當中唯一在週日仍然休息的店家。

福來雞週日不營業是因為這間店已故創辦人Ｓ·特魯特·凱西（S. Truett Cathy）的信仰，在1940年代他讓自己二十四小時營業的餐館在週日休息，讓員工可以休息一天，至今福來雞仍然維持這項傳統。

這樣的方式是得付出代價的，週日不營業意味著每週營業時間少了14%，也就是說一年之中有兩個月的時間，當競爭對手正開門賺錢時，福來雞是不營業的。恪守自己價值觀的福來雞，正是那些上教堂的會眾週日會想去的地方，大家離開教會後都要找餐廳吃午餐，那可是一大筆生意。

根據估算，週日不開店營業，讓福來雞一年損失超過十億美元。儘管福來雞是追求獲利的企業，與其他想要擴展跟成功的公司沒什麼不同，儘管福來雞這樣做得付上十億元的代價，但是它星期天仍然不營業。

身為最大化階級的顧問會覺得這種行為實在太瞎。你看看你！這麼多白花花的錢放在桌上你不拿，你根本沒有賺到最大利益呀！但福來雞的領導層可能會回答，他們有做到最大化喔，但不單單只是把金錢價值放到最大，而是把多重的價值觀發揮到最大。沒有錯，這的確是一間追求獲利的速食店企業，但他們仍然相信傳統，並且願意為此付上一年少賺十億美元的

代價。

以最大化利益的思維來看，這太不理性了；但從便當原則的角度來看，這完全合情合理。福來雞以一個明確的方式做出選擇，最大程度地發揮了自己的價值觀，而不是滿腦子想著賺錢，也不是每一天都不賺錢，只是選擇在週日休息一天。

福來雞雖然付出不小的代價，卻也帶來不少的好處。福來雞是美國最受歡迎的連鎖餐廳之一，也被評比為最適合就業的地方，一大原因就是因為這間企業恪守獨特的價值觀。

省吃儉用的叛逆份子

有時，反倒是那些你**沒有**做的事，才創造出價值。

對於FIRE族（Financial Independence Retire Early財富獨立提早退休）來說，將價值發揮到極致意味著，不花錢買不需要的東西，只有失敗者才會浪費錢。

FIRE運動是一種個人的財務策略，教導民眾如何盡力縮減支出，同時放大他們的長期目標。FIRE族的擁護者初見時必問的關鍵問題，不是「你賺多少錢」，而是「你能存下多少錢」？

依據FIRE族群的想法，金錢的重點不在於讓自己變得富裕或是買得起好東西，而是要能安心地專注在生命中真正有價值的事物，FIRE運動等於精確實踐了馬斯洛需求層次理論。FIRE族很愛的作家彼得・阿登尼（Peter Adeney）在他的「錢

鬍子先生」（Mr. Money Mustache）部落格上寫道：

「只要把注意力放在幸福這件事上，你就可以比那些只想省下麻煩、只在乎奢華、隨著沒有財商知識的人起舞的那群人，**過上更好的生活**……幸福可以從很多地方來，但沒有一種幸福是來自換了更高檔的車，或是買到更奢華的包包。」

FIRE族心中並沒有特定的核心人物、組織或是專利演算法，這項運動中的工具或策略都是由FIRE族創造、試驗與反覆測試，再透過部落格、書籍、Excel傳達出去。

FIRE族大多是千禧世代，對這些人來說，舒服、便利、奢華的美國夢似乎是遙不可及的幻影。他們編織一個屬於自己的嶄新夢想來代替。

一位FIRE族表示：「我們只是選擇過著一個比較拮据的生活，雖然那本身是很激進的想法。」

如同《紐約時報》上的一則報導，一位三十歲的女子按照FIRE運動的原則改變了生活方式：

「黎肯斯（Rieckens）女士從事人力招募工作，一開始不太願意放棄她的BMW和住在海邊別墅享受奢華名聲的生活，直到有天她看到計算退休的公式，發現只要採取FIRE族的方式過日子，搬離目前居住地，就可以在十年內退休。當然他們也可以繼續過著現在的上流生活，但得等到九十歲才能退休。」

FIRE族通常都是高瞻遠矚的人，他們從最終的結果，來反觀現在的情況，要讓現在的我所做的選擇，能與未來的我的

價值觀和目的一致。

這種遠見讓FIRE族跟一般人分道揚鑣。

在都市人口持續增長的時候，FIRE族往往住在郊區或鄉下。生活在一級城市的高居住成本，是FIRE族懂得要削減的支出。當碳排放以及消費者支出節節攀升的同時，FIRE族力求節約能源、降低消費，好讓他們獲得財務自由。FIRE族就像是梭羅（Thoreau）《湖濱散記》（Walden）中的瓦爾登湖，差別是他們擁有iPhone跟泰勒‧德頓[18]（Tyler Durden）的清晰洞見。

當FIRE族被未來的我的目標──想要打造一個永續的生活──驅動，而達成這個目標意味著要更留心於「現在的我」。生活費控制在預算之內。比起隨心所欲揮霍的同儕，更加關注金錢，支出更為謹慎。

實際上，每一個人都能達成提早退休的夢想嗎？可能無法。要是領的是最低薪資，再怎麼省吃儉用，恐怕也存不了多少錢。但對每個人來說，用不同方式來看待金錢是滿實用的方法。FIRE族讓金錢跟快樂脫鉤，點出二者的關係不一定總是固定不變，卻也尊重金錢跟快樂帶來的價值。

限制財務利益最大化的主導地位，並不是要忽略金錢，而

18 **泰勒‧德頓**　電影《鬥陣俱樂部》（Fight Club）中，布萊德‧彼特（Brad Pitt）飾演的角色。

是要合理地看待它。FIRE族其實很在意金錢,他們尊重金錢的重要性,了解金錢在哪裡可以創造價值,但也清楚金錢不是唯一重要的價值。

實際人生中的便當原則

將價值範疇擴展到財務利益最大化之外,並不是癡人說夢,我們早就開始進行了,就像愛黛兒演唱會門票銷售演算法、福來雞週日不營業、FIRE運動、三分球崛起,這些都是早就在現實生活中展現的便當原則價值觀。

這些範例中的每個人都是理性地思考個人利益的所有面向,他們不但考慮到自己的未來,連帶身邊的人,以及自己目前的需求也一併列入考慮。

到底這些轉變只是虛晃一招還是真的很重要?從我過往的經驗來看,它們是真的至關重要。

Kickstarter在2015年成為公益公司,彷彿就像是在便當原則的格子中切換自己的位置。Kickstarter早期是一間傳統利潤導向的公司,照理來說只需要考慮現在的我的需求就好,也就是公司的獲利和股東的利益,但當轉型為公益公司時,Kickstarter就必須定義什麼是現在的我們、未來的我以及未來的我們的價值觀,並且遵從該價值觀。

Kickstarter成為公益公司反映的,其實是這間公司長久以來的價值觀,但這些價值觀,理論上會讓這間原本架構是傳統

利潤導向的公司，必須承擔一些風險。理論上公司作出不上市及不出售的公開聲明，很可能會導致股東控告公司，因為這樣的決定意味著我們不會無所不用其極，只追求幫股東把股價衝到最高就好。

雖然這聽起來發生機率微乎其微，但過往確有先例。在2000年，班傑利冰淇淋公司（Ben & Jerry's）的董事會不顧創辦人的反對，被迫將公司賣給聯合利華（Unilever）。因為班傑利冰淇淋公司的投資人威脅董事會：如果公司拒絕出售，就要控告公司董事罔顧信託責任。儘管班傑利冰淇淋公司重視的價值觀[19]是他們品牌認同的核心，但在股東的合法要求之下，價值觀沒了立足之地，只能妥協。

另一方面，Kickstarter作為公益公司，企業的使命與承諾，深植於法規基礎中。Kickstarter公益公司章程中明列十五點承諾，當中保證：

- 不鑽任何法律漏洞或利用合法但遊走法律邊緣的稅務管理策略，來減少公司稅務負擔。
- 不管能為公司帶來多少經濟利益，公司絕不針對任何公共政策進行遊說或宣傳，除非這些政策符合公司的使命與價值觀。

19 **班傑利冰淇淋公司重視的價值觀**
班傑利冰淇淋公司的價值觀分成三大部分：永續經營、讓世界變得更好、美味的冰淇淋。

- 永遠支持、服務、力挺藝術家和創作者，特別是在商業較不發達地區裡的藝術家和創作者。

- 走出公司原有的侷限，超越公司原有的業務範疇，參與藝術家及創作者的重大議題與對話。

- 捐出稅後淨利的5%給藝術和音樂教育團體，以及致力消弭制度不平等的相關機構。

這些承諾規範了Kickstarter的言行準則，它們代表的價值觀並非空泛的陳腔濫調，而是擲地有聲的堅定承諾。

成為公益公司不到一年，Kickstarter又開始架設一個叫做「獨立創意人」（The Creative Independent）的新網站。

這個網站不斷為創意人士提供實務上以及心理上的建議，週間會發表有關藝術家和創作者的專訪或短文，談論他們的工作和挑戰，網站的最終目的是希望成為啟發創意的維基百科。

獨立創意人沒有廣告，內容完全不用付費，且只有一名全職員工。所有開銷都是Kickstarter支付的，但在網站上並不會看到Kickstarter的任何商標，只有在網頁頁尾的地方，會看到發行人是Kickstarter，不過Kickstarter並沒有任何直接收益。

那幹麼做這個呢？

因為根據Kickstarter公益公司章程，獨立創意人是創造價值的專案計畫，這個網站支持創意社群，提供學習內容及教育資源給創意人士，並提升藝術家及創作者作品的品質。這些價值觀是Kickstarter跟獨立創意人致力發展、全力支持的價值觀，而不論是獨立創意人，或日後Kickstarter要發展的其他類

似專案計畫，都不需要透過賺錢來創造價值。

巴塔哥尼亞服飾、特斯拉汽車以及未來的我們

很少公司比服飾製造商巴塔哥尼亞的企業管理方式還要前衛，巴塔哥尼亞免費提供辦公室托兒照護（從1983年開始）、服飾產品終身修補服務（其中一間廠房每年要修補三萬件服飾）、用心對待員工（如同創辦人伊方·修納（Yvon Choui-nard）很棒的著作《越環保，越賺錢，員工越幸福！Patago-nia任性創業法則》（Let My People Go Surfing）書名所說的那樣）。

巴塔哥尼亞做了這麼多，同時還是個既賺錢又成功且受人愛戴的企業。

巴塔哥尼亞是最早成為公益公司的企業之一，它的公益公司章則中，有一則關於競爭的承諾，令人眼睛一亮，它是這麼寫的：

「公司承諾要利用企業的力量，激發更多想法來解決環境危機，為了落實我們的承諾，當董事會認定生產這樣的材質不會對環境產生負面影響，我們會和包含競爭對手在內的其他企業，分享專利技術與最佳實務做法。」

假如巴塔哥尼亞發明了可以善待地球的服飾生產製造方法，就絕對不會藏私，它會跟同業競爭對手分享資訊，這是面對未來的我們的最佳策略，也是這家企業行之有年的做法。

在耗費了四年研發更耐久的纖維之後，巴塔哥尼亞在2014年推出了一款新的生物橡膠潛水衣。在這技術耗費了大量的投資之後，巴塔哥尼亞做了什麼？它和競爭對手分享了這種材質。宣布這個決定的廣告裡頭寫著：「我們得到了業界最棒的原料，然後要送給大家。」

從現在的我的視角來看，這種做法毫無道理，但如果考量什麼對未來的我們是最好的，這就會是最睿智的做法。

這種做法或許讓巴塔哥尼亞聽起來很像慈善機構，但事實不然，它仍然是追求利潤的公益公司，跟大家一樣，仍然需要面對許多的挑戰和同業競爭。但巴塔哥尼亞看得更遠更廣，雖然必須滿足現在的我的需求，然而公司選擇大量投資在未來的我們身上，並在兩者間取得平衡。

＊　＊　＊　＊

雖然特斯拉（Tesla）並不是公益公司，但它是另一個用未來的我們的角度思考的例子，不單只是因為特斯拉生產的是電動車而已，而是公司的運作模式。

特斯拉在2015年宣布將名下所有專利權，也就是技術背後的智慧財產權，全部公開給大家使用，公司決定把這些專利知識都分享出去，而不是保護它們。

這麼做的目的何在？幹麼不把專利授權給其他汽車製造商，順便賺上一筆？因為特斯拉的目的不是賺更多錢，而是要

讓電動車在市場上更普及。特斯拉願意無償分享公司最棒的專利技術，以便實現電動車普及的目標。

特斯拉汽車的執行長伊隆‧馬斯克（Elon Musk）寫道：「考量到每年新車產量將近一億輛，而全球約莫有二十億輛車，不管特斯拉電動車生產得多快，都無法快到能夠應對碳排放的危機。」他又說：「同樣地，這意味著市場很大，我們真正的競爭對手不是其他零星的電動車車廠，而是世界各地車廠每天大量出廠上路的汽油車。」

特斯拉的專利策略看重的是未來的我們的永續性，而不是著眼於現在的我能夠產生最大經濟收益。賣車不是當務之急，快點讓電動車成為主流才是。

從現在的觀點來看，巴塔哥尼亞和特斯拉聚焦在未來的我們，實在是異類，但再過不久，他們可能就不再是異類了。

流行樂的便當原則

這些便當原則的真實案例是來自擁有主流價值觀的人群，想要更上一層樓的業界頂尖人士、想要在運動場上獲勝的人、有強烈宗教信仰的人、努力存錢的人、努力保護地球生物的人。他們好得不能再好了！

這群人正在改變這個世界，他們的好奇心和大膽的選擇推著我們緩慢向前走。這些價值觀導向的選擇，大多數是出自於道德良知，但也並非全然如此，狂砍三分球的球隊並不是要撥

亂反正，而是想找出更好的贏球方法。

　　對事情並沒有清楚覺知之前，便當原則不會強迫我們接受任何特定的價值觀。速食店老闆可以依照便當原則做決定；環保人士也能依照便當原則做決定；不論是在偏鄉過自給自足的生活，或是當流行歌手都可以擁有自己版本的便當原則；基督徒也好，穆斯林也好，都可以依照便當原則做決定。便當原則不會告訴你要成為什麼樣的人，而是要幫助你看見自身價值觀如何在所處的環境之中展現出來，並且讓你更有力量做出與自身價值觀更一致的選擇。

　　這樣的思考模式持續發展中。

　　撰寫這章節的時候，由鄉村歌手轉型成為流行歌手的泰勒絲（Taylor Swift）與大型唱片公司簽訂了新合約，協商合約過程中，她讓唱片公司作出重要的讓步，她在Instagram上發文描述：

　　「對我來說，有一條條款比起新合約的任何內容都來得更有意義。我和環球音樂集團（Universal Music Group）的新合約裡面，要求環球音樂必須把在串流音樂Spotify股份中所分得的收益，不回收成本，直接分給公司旗下的音樂人，環球很大方地同意了，他們也相信這樣的條件比其他大公司之前支付的還要好得多。我認為這代表我們為創作者帶來非常正面的改變，這個目標是我永遠不會停止努力的，不管用什麼方式，我都要實現這個目標。」

　　泰勒絲不僅利用她的影響力替自己談定了利潤豐厚的合

約，還替其他好幾千位音樂人進行談判。就像是愛黛兒一樣，泰勒絲所做的不只是著眼於現在的我，她還刻意為現在的我們和未來的我們創造價值。

你可能會覺得，對泰勒絲或愛黛兒這些有錢又有名的人來說，根本輕而易舉啊，又不會有什麼損失。對於福來雞、Kickstarter、巴塔哥尼亞和特斯拉來說，很簡單就能做到慷慨大方，因為它們都很成功了呀。

這樣說也沒錯，我們回顧一下馬斯洛的需求層次理論，這些人與組織已經滿足了他們安全與生存的需求，所以有辦法慷慨大方，也著眼在更多長期的規畫，因為他們不需要每天面臨嚴重的生存威脅。

但有沒有可能看重金錢以外的價值觀，才是他們真正能成功的祕訣？假如用盡所有力氣追求金錢以外的價值觀，並不是激進的異類才會幹的事情呢？如果很單純這就只是一個更好的解決之道呢？如果狂熱激進、異於常人的，是我們目前周遭的世界呢？要是這些不同的選擇能夠讓我們慢慢地、堅定地找回我們的價值觀呢？

那就是便當原則觀點的潛力，我們不是要回到價值最大化之前的年代，而是要繼續往前走。只是究竟要花多久的時間才能做到？

第九章
完美倒立的方法

在過去的二十年裡，亞馬遜創辦人兼首席執行長傑夫‧貝佐斯每年都會寫一封信給公司股東，信中包含公司業績、策略和目標的相關資訊。

在2017年的信中，貝佐斯分享了一則關於倒立的趣事，他寫道：

> 最近我有個好友決定學習徒手倒立，不靠牆，不是只有幾秒鐘而已喔，是可以上傳到Instagram那種等級的好，她決定走上這條路，是從瑜伽教室的倒立課程開始的。練習了一段時間後，卻沒得到想要的結果，於是請了一位倒立教練，對，我知道你現在在想什麼，但還真的有人會為了學倒立而聘請倒立教練。在第一次上課時，教練給了她一些很不錯的建議。他說：「大多數的人認為只要努力學習，兩週左右就能掌握倒立的技巧。事實上，倒立要每天練習，持續大約六個月。如果你認為能在兩週內完成，到最後一定會放棄學習。」對於進步空間有不切實際的信念（經常是隱藏起來，也不在檯面上討論的），往往會讓人達不到高標準。不管你想獨自達到高標準，或是跟團隊一起，都必須建立且積極溝通何謂實際可行的信念——即是清楚明白一件事會有多困難。

當我們低估了做一件事所需要的時間和努力，我們要不走

捷徑，要不就乾脆放棄。如果事情進行得不順利，我們會思考到底是哪裡出了問題，但當我們對自己的期望實際一點，並制定計畫來實現目標，就有機會成功。

如果要做出完美的倒立需要每天練習，並且持續六個月，那麼改變世界需要多久的時間呢？

三十年變化論

我們都想要改變可以立竿見影，但生物學、歷史學和社會學的證據表明，要能產生實質的改變，需要三十年的時間。

我所謂的「實質的改變」指的是大多數人觀點的重大轉變，既有模式的轉變，比如以前的新觀念成了大家都能接受的預設立場。像這樣的改變一直都在發生，但需要足夠時間才會水到渠成，約莫要三十年。

我講的是什麼樣的改變？我講的不是新產品的出現，而是價值觀、信念和行為的重大轉變。

比方說，消毒的方式。

1867年，約瑟夫・李斯特在最重要的醫學期刊《刺胳針》（The Lancet）上發表一個重大發現：消毒技術的創新。醫療界支持他了嗎？完全沒有。過沒多久，同一份期刊刊登了相關評論，嚴厲批評了他的消毒法。1881年，加菲爾德總統的醫生們無視李斯特的建議，其中一名醫生甚至還看過李斯特本人親自示範如何消毒。

不過在1903年，英國國王愛德華七世需要緊急切除闌尾時，他的醫生打給李斯特，聽話地進行了消毒，國王因此活了下來。後來國王告訴他：「我很清楚，要不是你和你的技術救了我，我今天是沒辦法坐在這裡的。」

醫治垂死美國總統的醫生們認為李斯特的治療方式不值得信賴，但幾年後英國國王的醫生卻採取了這種療法。李斯特的消毒法，從備受爭議到救了國王一命，整整花了三十年。

三分球也是這樣嗎？

三分球在1979年納入NBA的規則，但球員沒有大量利用三分球得分，因為當時籃球沒人這樣打。三十年後，新的演算法首次帶動了球隊多投三分球，三分球不再是球賽的新元素，變成了普通戰術。從新的規則到不可或缺，整整花了三十年的時間，現在我們根本無法想像沒有三分球的籃球賽了。

那麼，財務利益最大化呢？

1970年，米爾頓·傅利曼在《紐約時報》的專文，將財務利益最大化的觀念引進主流世界中。他宣告：「企業的社會責任就是獲利。」企業界聽到了，普羅大眾也聽到了，從1970年代36%的大學新鮮人認為致富是絕對必要的，到2000年有超過70%的大學新鮮人這樣想，在三十年的時間裡，這個新觀念從邊緣的小眾思想變為主流。

三十年，似乎就是改變的節奏。

世代更迭

匈牙利哲學家卡爾‧曼海姆（Karl Mannheim）在1928年寫道：「想像一下，如果世界只有一個世代的人長生不老，一直活下去，沒有世代交替，人類的社會生活會是什麼樣子？」在那樣的世界裡，社會的價值觀和規範會亙古不變。

相較之下，曼海姆表示真實社會裡會有：

1‧參與文化過程的新一批人持續出現，同時間

2‧參與過去文化過程的人不斷消失；

3‧任何世代的成員只能暫時參與一小段有限的歷史。

換句話說，人類有生老病死，世界會物換星移，死亡是生命價值觀和權力改朝換代的自然歷程，而我們每個人都是在一齣大型故事裡演出幾幕的群戲演員而已。曼海姆還寫道，正因為我們在世如同蜉蝣：

4‧因此必須繼續傳遞積累的文化遺產；

5‧世代交替是持續不斷的過程。

為了維持秩序，並在已有的進步基礎上更上層樓，我們不斷將知識和價值觀世世代代相傳下去。

想像一下，生命就像一場派對，不斷有新人到來，也有成員離開，但歡樂的氛圍不曾停歇，派對之所以可以持續，是因為「積累的文化遺產」不斷從某一群參加派對的人傳遞到另一群人身上。

入場時會有人跟你說哪裡可以放外套、吃東西、廚房的飲

料在哪裡。新來的成員得先當個壁花，搞清楚狀況，有了自己的立場才會加入聊天的行列。這就是從童年跨到青少年、再過渡到成人的歲月、從零到三十歲的生活寫照。

三十到六十歲的壯年人主導整個派對，他們挑選音樂、制定規則，但派對不會永遠都是他們的天下。舞池會變得枯燥乏味，而且不管怎樣總會有新人試圖接手派對。

有人玩夠了，就會到安靜的房間裡休息一會兒（到了六十歲左右或更年長），接著就離開派對現場（你知道我在說啥）。**他們的**派對結束了，但派對本身依舊繼續進行，下一代的新成員進入舞池，熟悉派對環境。

這就是我們的世界：舊人離開，新人加入，但派對不曾停歇，規模還越開越大。每秒鐘有一點八人死亡，四點三人出生。全球人口正以每年1.06%的速度增加。

1%的成長率會讓很多CEO被解僱，不過因為複利效應，再加上人人必有一死，導致人口1%的成長，就能在相對短的時間內看到較大幅度的人員變動。今天活著的人在三十年後只佔一小部分，三十年後，目前在世的人當中有三分之一會過世，全部人口當中將有一半都會是新加入的成員。

如果派對如此進行，每分鐘就會有兩個人離開、四個新的人進來，派對現場的成員組成會改變得很快，所謂的常態也會隨之改變。

你對派對的印象，取決於你剛進入派對時所看到的樣子，就像同年代青少年的世界觀都很類似。第一印象決定了所謂的

正常標準，往後餘生都會用這標準來評斷、看待世界。

經歷過iPhone問世（不久之前的2008年）以前生活樣貌的人，都很清楚智慧型手機為生活帶來的「新鮮感」，就像經歷過電視剛問世那段歷史的人一樣，總是更能夠體會到它的影響力。

目前還在長大的青少年世代，是第一個不會覺得智慧型手機很新奇的世代，因為出生的時候**早就有了**！他們對科技的看法與前幾代不同，單純因為在他們出生的時候，周圍早就人手一機了。

對我三歲的兒子來說，看到電動車充電不會覺得奇怪，對他四十歲的父親來說卻相當新鮮。我前90%的人生都沒看過電動車，很慶幸兒子不會跟我一樣。

這種情況對於在財務利益最大化的世界中長大的我們來說，其實也是一樣，這首「歌」好像永遠都是派對的主打歌。才怪！這首利益最大化之歌，只是在我們剛抵達派對的當下播個不停而已。

＊ ＊ ＊ ＊

曼海姆寫道，傳遞價值觀「是個持續的過程」。持續並不代表和諧，持續代表的是，變化往往是循序漸進的，消毒方式的演變就是一個很好的例子。

約瑟夫・李斯特基於當時是新科學的菌源說，提出傷口要

消毒的新論點，結果飽受批評。對於已經在執業的外科醫生來說，採用新方法有點像在打臉過去的自己，許多醫生很難拉下臉來，換成是我們，反應很可能也會跟這些醫生差不多。

不過，當時仍在接受培訓的醫生和科學家，比較容易接受李斯特提出的消毒法。他們看到的是治療方式的確有效，而不會覺得自己被打臉，接受消毒法並不需要把過去相信的一切打掉重練，也不會因此而名譽掃地。

即使李斯特在《刺胳針》上發表了振奮人心的研究成果，消毒法被採用的速度仍然緩慢且爭辯不休，可是在李斯特居住和行醫的格拉斯哥，手術死亡率漸漸降低。他的方法比批評的人更禁得起時間的考驗。

三十年的光陰，足以讓老一代的外科醫生離開人世、或停止看診，或因為他們的想法老舊，影響力式微，而漸漸被邊緣化，他們被已經接受消毒法的年輕一代醫師所取代，就像是衛兵完成了交接。消毒法成為多數人普遍接受的科學，整個改變的過程，也是花了大約三十年才完成。

即便是像大幅度降低手術死亡率這種重大的改變，要成功還是得花上時間，才能成為新的常態與標準。新的概念必須能證明給懷疑論者看，最終還得戰勝他們，一旦成功，新知才會變成常規。

運動

　　1960年，美國未上任的總統當選人大肆批評美國人太胖了，這人不是推特還沒出現之前的川普，而是準總統約翰・甘迺迪（John F. Kennedy），在《體育畫刊》（Sports Illustrated）上發表的文章〈軟爛美國人〉（The Soft American）的內容。

　　甘迺迪指出，1951年耶魯大學有51%的新生通過基礎體適能測試，但到了1960年卻只剩下35%。精力充沛、年輕氣盛的美國到哪去了？

　　說穿了就兩個字：電視。

　　1950年，美國有三百萬台電視機，到了1950年代末期，已經超過了五千萬台。電視帶來好幾百萬的沙發馬鈴薯，大家都跟著胖個幾公斤，生活變得悠閒，美好的時光則根本是好過頭了。

　　這樣的變化讓甘迺迪非常擔心，於是就把健康列為國家優先事項，制定了國家健康指南，還創立總統級身體健康委員會，甚至要求軍隊在二十小時內行軍五十英里（後來被稱為「甘迺迪行軍」），以證明美軍的體能。

　　甘迺迪以一個總統的身分給了全美國一個全新的優先事項與消遣活動：運動。雖然聽起來很扯，但運動在當時確實是個新概念。

　　前加州先生哈羅德・津金（Harold Zinkin）寫道：「在40、50年代，一般人對營養、身體健康興致缺缺，也不會想

要練出完美體態。」津金是肌肉海灘[20]的核心人物,運動史上也是赫赫有名。根據津金的說法,甘迺迪1960年對身體健康的呼籲「即使在當時也覺得是劃時代的革命性概念」,這話可是少數真正鍛鍊過的人說的。

當時大家認為劇烈運動既危險又不健康。

關於1960年代的重訓,阿諾·史瓦辛格(Arnold Schwarzenegger)曾寫道:「醫生告誡大家不要舉重,舉重對健康有害。就連一些職業運動員也不去健身房,因為他們誤以為舉重會造成肌肉僵硬,行動會因此而不方便。」

1960年代,在戶外跑步運動很不尋常,甚至有人看到還會打電話報警。1968年,南卡羅來納州的種族隔離主義者史壯·瑟蒙(Strom Thurmond)就在跑步的時候被警察攔住。

1966年,一本名為《慢跑》(Jogging)的小書介紹了更溫和的跑步方式,跑步的風潮才漸漸興起。慢跑當時剛傳入紐西蘭,書的作者兼跑步教練比爾·鮑爾曼(Bill Bowerman)在當地親自體驗了慢跑運動。這本書後來賣了一百萬冊,鮑爾曼為日漸成長的慢跑社群設計新的慢跑鞋,並與人合夥開了間公司來製作鞋子,這間公司就是耐吉(Nike)。

1960年代末期,《芝加哥論壇報》(Chicago Tribune)、《週六晚報》(Saturday Evening Post)和《紐約時報》都報導了這奇怪的現象——人們為了樂趣和健康在戶外跑步。

但慢跑並不是運動唯一的新潮流。

在加州,黃金健身房(Gold's Gym)這個新興的熱門場

所，讓舉重成為主流運動。原本在肌肉海灘的舉重運動員在1965年開設了這間連鎖健身房，首次讓數百萬美國人可以認真運動健身，到了1972年，有一百七十萬美國人成為健身房會員。1970年代末期，人數成長了整整十倍之多。

有氧運動也是一種新的運動，是空軍生理學家和物理治療師發明的，並於1968年開始推行。到了1980年代，珍·芳達（Jane Fonda）用錄影帶引領數千萬人在全美各地的地下室、臥室和客廳做有氧運動。

運動從1960年革命般的新概念，過了三十年成為日常。甘迺迪呼籲全民運動，過了一整個世代之後，美國於1993年出現了第一位喜歡慢跑的總統，現今有六千萬美國人是健身房會員、二千萬人做瑜伽、五十萬人每年都去跑馬拉松，把運動當休閒活動的風潮從萌芽到遍地開花只花了十分短暫的時間。

我們不會把運動風潮跟成功聯想在一起，因為我們其實不曾意識到現代的運動其實是個多麼新穎的概念。

20 **肌肉海灘** 有兩個，一個是的聖莫尼卡肌肉海灘，位於聖莫尼卡碼頭以南。另一個是威尼斯肌肉海灘，位於聖莫尼卡肌肉海灘以南兩英里。該地區集中了許多舉重和健身商店。阿諾·史瓦辛格等許多著名的健美運動員和演員在此訓練。

創新到普遍

改變因應危機而生：電視的流行帶動了運動的風氣；因為一直有人在手術後死亡，李斯特因而嘗試了消毒法；沒有疾病，就不需要治療。

又例如：資源回收。

東西用完就「扔掉」是二十世紀的概念，包裝也是最近才出現的東西，二十世紀前，幾乎沒有什麼東西是用完就丟的，普遍來說東西用完都應該回收再利用。

沒過多久，垃圾日漸增加，社會大眾感受到了消費主義帶來的影響。1953年，「永保美國之美」運動開始對抗亂丟垃圾的新問題，1960年代末期，美好新人生才持續了二十年左右，美國堆積如山的垃圾就變得難以忽視。

為了解決問題，奧勒岡州在1970年啟動了第一個現代回收計畫；1980年，紐澤西州的伍德伯里成為第一個強制資源回收的城市；1980年代末，一艘載著紐約市垃圾的駁船擱淺在海上，卻沒有人願意把這艘船接上岸。當時紐約市只回收了1%的垃圾，危急時刻來臨，強制回收的城市無疑是做了更好的決定。

1990年代到2000年代初期，越來越多的城市開始強制資源回收（儘管後來我們發現許多城市使用的，是很有問題的單流分類法），資源回收也逐漸發展成為一門生意和家事雜務。一個世代以前，很少有人會去做資源回收，如今有一半的美國

人會這樣做（可是在消費主義以前的時代，基本上每個人都會做回收——這只不過是兩個世代以前而已）。

有機食品的情況也類似，人們擔心農藥和加工食品，所以越來越喜歡品質較高的食物。

早期，有機食品是透過健康食品專賣店和獨立零售商發展起來的（我還記得很清楚，在80年代的時候，會跟媽媽一起去附近一間小小的健康食品店）。直到2000年，美國食品和藥物管理局制定了有機食品的標準之後，才變得更加普遍。

現在有機食品很普遍，到處都買得到，三分之一的美國人會刻意挑選有機食品，沃爾瑪還設有有機食品專區。

資源回收、有機食品和運動也許不是**唯一**的主流，但它們**確實**成了主流。在三十年的時間裡，每一個都從新的概念變成了新的預設，而他們還會繼續成長下去。

改變，不一定是進步

儘管這些趨勢振奮人心，但我們也該謹慎評估變化。

我們往往認為新事物必定代表改進、科技代表進步，廣告宣傳花數十億元來行銷這種觀念，使我們產生了錯誤的認知。

新事物**可以**代表改進，科技也**可以**創造進步，但這些結果不會自動發生。有時候可能只是「在沒有改善目標的狀況之下，一直改善做法」，正如梭羅《湖濱散記》中所說的那樣。

想想看，後工業時期之後，我們從來沒有像現在這樣容易

獲得乾淨又免費的水，結果呢？我們每年花了數十億元在瓶裝水上。

自來水品質越來越好，但我們卻越來越少喝，瓶裝水的行銷手法，讓我們深信自來水品質不夠格而且落伍。2000年，一位飲料公司高層就說：「我們成功之後，自來水會被貶低為洗澡和洗碗水。」

瓶裝水在1980年代首次出現，之前是公共資源的一種，三十年後成了美國最暢銷的飲料，銷售額繼續以每年10%的速度成長，但水龍頭的免費飲用水卻越來越乏人問津，也越來越難取得。

飲用水的商業化與公共飲水機的消失同時發生，公共飲水機可是好幾個世紀以來，公共生活相當重要的支柱。飲水機消失得太明顯，所以當倫敦在2018年宣布要設立二十台新飲水機，大家歡天喜地的同時，卻又帶點淡淡哀傷。

就如同改變並不一定是進步一樣，我們也必須記住，進步並不是必然的，而是得努力掙來的。

簡短回顧了運動、資源回收和有機食品興起的歷程，免不了給人一種「這些變化是自然且必然」之感，以為這些改變自然而然就發生了，但事實並非如此。

這些變化是大家努力的結果，人們先是提倡了新觀點，先在自己的生活中落實，而後才逐漸擴展到其他人。新的觀點得到了一群支持者和體制內夥伴的支持，才得以躍升成為主流。

為了讓世界朝著特定的方向改變，人們必須努力落實想

法。如果新思維能夠創造價值、爭取別人的支持，改變就有機會發生，但是無法保證一定會有結果。

2050

又回到了 2050 年。

本書一開始，我問說：「2050 年我們會在哪裡？」2050 不單只是一個整數，還是從現在算起的三十年後，整整一個世代的距離。

三十年的光陰，足以讓運動、有機食品、資源回收、三分球、消毒法、網路，以及生活中許多沒什麼人注意、習以為常的部分，從新觀念變成生活日常。三十年可以改變很多事情，如果便當主義運動持續發展下去，三十年後，也就是 2050 年，我們可預見世人對價值的看法會有明顯的轉變。不過我們也必須對改變的本質抱持實際的期望。

改變並非一蹴可幾，改變是循序漸進的。時間拉長，一回頭可以看到許多改變；但如果想要獲得立即的改變，那就困難許多了。

改變不是短跑，改變是馬拉松，**而且**還是接力賽。每個人、每個世代都會在這場接力賽中跑上一段路，終點線也許不會在我們的有生之年出現，然而我們沒有理由感到氣餒，這不過是我們得解決的數學題罷了。改變不是不可能，只是需要時間，不管我們怎麼努力，都不可能在一天內就能夠做出完美的

倒立。

不過，變化一旦開始發生，就有機會瘋狂加速。改變是會傳染的，還會產生複利效應：某些人改變就代表更多人會跟著改變，日益壯大的運動也可能在一夜之間翻盤，轉而支持某個新觀點。只要時間夠長，什麼都可能發生。

我們也應該搞清楚一件事：如果要改變的是你自己，要變的事物攸關個人利益，改變就會難上許多。我們可能會嘲笑那些輕忽細菌理論的醫生，但如果改變不是他們自己的主張，其實沒有人喜歡改變，我們都有自尊心，改變並不容易。

這就是為什麼因應氣候變遷的重大改革，最終還是得交給比較不需要為氣候變遷危機負責的世代來處理，因為解決別人的問題比解決自己的問題容易。即使在歷史的洪流中，人性依舊是主角。

世代與時刻不期而會

1983年，傳奇科幻作家以撒・艾西莫夫（Isaac Asimov）被問及2019年將會是什麼樣子，當時，問的只不過是三十五年後的問題。

艾西莫夫說中了很多事情，包括自動化出現，導致工作和社會結構的轉變，失業人數不斷增加。他推測，這些挑戰會比工業革命更巨大、更棘手。

但他又表示這種情況很快就會改變：「過渡時期的世代會

逐漸凋零，新世代會接受能夠因應新世界的教育並成長。因此，那時的社會可能會進入一個幾乎已經完全改善的狀況。」

有時候，某個世代跟某個特定時刻就是那麼有默契，他們非常適合迎接他們世代的挑戰，這就是為什麼人們會歌頌「最偉大的世代」，也就是參與過第二次世界大戰的士兵。因為在二戰的危急時刻，這個世代來自世界各地的老百姓，都挺身而出，捍衛社會的價值觀。

艾西莫夫似乎也預言到，我們過渡到「新世界」時所遇到的挑戰和即將到來的新世代，可能也會出現類似「一見如故」的感覺。艾西莫夫預言，這一刻，就會是一切都可能改變的關鍵時刻。

第十章

價值觀最大化階級

　　歷史上很少有人能像約翰・梅納德・凱因斯（John Maynard Keynes）為經濟成長立下如此大的功勞，這位英國經濟學家是總體經濟學之父，也是建立全球經濟的關鍵人物，在經濟大蕭條的年代，他成功說服世界各國的政府使用公共資金來創造就業機會和其他形式的社會支援。或許你曾經在Podcast上聽過「凱因斯經濟學」，講的就是他。

　　凱因斯大力倡導資本主義，1930年他在一篇名為〈我們子孫的經濟前景〉（Economic Possibilities for Our Grandchildren）的文章裡面指出從西元前2000年到西元1700年間（就是放血的時代），全世界的經濟幾乎都沒有成長，科技也沒什麼發展。他估計在那幾千年的時光中，生活最多只改善了百分之一。

　　不過，這種情況後來開始改變了，凱因斯寫道，十六世紀時西班牙派船橫渡大西洋，他們發現的不僅僅是新世界，還發現了後來所謂的資本主義的魔力所在。投資在探索新世界，產生了豐厚的金錢報酬，這些報酬再次投資到更深入的探索，又帶來更加豐厚的報酬，人類此時頓悟，發現了資本再投資和複利效應的雙重威力。

　　要搞清楚，這些探險不只是單純、良善的貿易交流而已，**的確**是有貿易往來，但也包含了好幾百萬人被剝削、慘遭大規模屠殺、無數原本生活的方式消失殆盡。資本主義跟金錢報酬一樣，最醜陋的一面打從一開始就存在了。

　　儘管凱因斯對資本主義充滿熱情，他也看到了資本主義的

侷限，在同一篇文章中，他提到：

「當積累財富不再具有高度的社會重要性，道德準則會產生很大的變化，我們終將會擺脫折磨了我們兩百年的假仁假義，這種虛偽，把人類最噁心的特質粉飾成最高尚的美德，屆時人們應該有勇氣去評估金錢動機的真正價值。人們會看得清清楚楚，愛錢變成一種佔有慾，變成一種令人厭惡的病態，這跟用錢來支付生活所需與享受人生是截然不同的。」

儘管如此，凱因斯沒有提議要採取任何行動來面對這個問題，還不是時候。

「但是請注意！現在還不到改變的時候，至少在接下來的一百年裡，我們仍必須對自己和每個人假裝，好即是壞，壞即是好（fair is foul and foul is fair），因為下流的犯規手段有用，公平卻沒用。我們仍需把貪婪、高利貸和防人之心奉為神明再久一點，因為只有它們才能帶領我們從經濟需求的黑暗隧道裡走向光明。」

凱因斯繼續寫道，為了讓經濟持續成長，「至少在未來一百年內」我們應該假裝貪心、嫉妒和其他「不入流」的情緒是好的，屆時才有足夠的財富來擺脫這種自欺欺人的想法。

凱因斯在1930年寫下這些內容，距今也快一百年了，人們假裝「公平就是不入流，不入流就是公平」假裝了一個世紀之後，這些凱因斯所謂的「神明」已經完全支配了我們。

但金錢的支配不會是永遠的，連凱因斯也這麼認為。現在，就是這位發明總體經濟學的人所預言的，人類可能有辦法

逃離「經濟需求的黑暗隧道，迎向光明」的那個時刻。

說的就是**我們**。

未走的路

凱因斯發表論點之後的幾十年裡，貪婪、高利貸和防人之心帶來了經濟繁榮。

從1946年到1973年，美國的工作者經歷了歷史薪資成長最快速的時期，薪資中位數增加了91%，平均家庭的實際收入也增加超過一倍。美國建構了未來的基礎設施，最重要的是中產階級的成長，同時人們的工時減少了，並首次擁有可支配收入。當時的目標是全民富裕，人人發大財。

緊接著，就是財務利益最大化主導的時代了。

在財務利益最大化的時代，人人富裕的目標不見了，轉而變成**我**要發大財。國家預設的發展路線從中產階級的成長（使現在和未來的我們成長），轉變為財務利益最大化（只有我自己成長就好）。

四十年後，美國擁有世界最大的貧富差距，而且經濟成長時期的核心「中產階級」不斷萎縮，自從1973年以來，員工實質平均薪資（經通貨膨脹調整後）幾乎是零成長，但與此同時，執行長的平均收入卻高出普通員工二百七十一倍。

美國幾乎在整個二十世紀都是世界上生活水準最高的國家，但在2018年跌到第十七位，因為自財務利益最大化掛帥

之後：

- 公共服務和基礎設施年久失修。
- 企業壟斷阻止競爭和創業精神。
- 連鎖店使地方社區失去資金和發展機會。
- 企業和有錢人將大約10%的GDP藏在海外避稅天堂。
- 政客修訂法條，犧牲公眾利益來壯大企業。

如果美國延續財務利益最大化之前的經濟政策，那麼今日美國的：

- 一般勞工薪資會更高。
- 執行長和高層的收入會稍少一些，但仍然是全球收入最高的族群。
- 高收入人士會被課更多稅。
- 公共服務、基礎設施和教育會有更多資金。
- 有錢人還是會很有錢，只是不會像現在**那麼**有錢。

換句話說，這樣的公民社會比現在的社會更強大，可是在財務利益最大化的影響下，希望有這樣的公民社會似乎是癡人說夢，但事實並非如此，那樣的世界以前曾經存在過，而且類似的社會是有辦法再次出現的。

要做到這一點，我們得改變價值觀，得從重新學習如何看見每個人的現在的我的利益之外的風景。

有些人會認為，著眼在現在的我之外的東西，根本不理性

也不合理。他們總說，世界是片叢林，到了緊要關頭，人們會為了生存，不惜一切代價，每個人只會替自己著想。

我們在很多暑期強檔和第一人稱射擊遊戲中都看過這種情節，導致我們相信這就是世界運作的法則。一旦事情越變越糟（而且隨時都可能會發生），關於人心善良、社會良知的連篇鬼話都會消失，到時候，就真的回到適者生存的世界了。你不殺人，就等著被幹掉吧。

儘管這種故事情節到處都是，但它就不是真的呀。即使在最極端的情況下，人們也不會自動成為野獸版的現在的我。在真正危急的時刻，我們會看到更大的真相。

三十三個「我」

2010年八月五日，智利阿他加馬沙漠地底深處幾十萬噸的岩石突然崩塌。

當時在地底深處開採礦產和寶石的三十三位礦工，全受困於岩石堆下。

被困住的礦工缺乏與外界溝通的管道，地面上也沒有人知道他們的確切位置。這三十三位礦工的食物和水只夠十個人吃兩天。如果要說世上是否有真實版的「囚徒困境」，這就是了。現在的我是否展現出自私自利的一面呢？是否爆發了弱肉強食、成王敗寇的叢林法則？

但並沒有發生這種事，他們沒有背叛彼此，還組織了自救

行動。

　　但他們不是當下就立刻組織起來，崩坍的第一天，許多人瘋狂尋找出路，但在意識到自己的困境後，幾位領導者便挺身而出，他們合作建立了秩序、架構和目標，分派任務，並透過民主投票決定如何分配資源；他們用電燈模擬白天和夜晚，壓力大到受不了的時候，大家就互相鼓勵；用晨禱開啟每一天。

　　他們不是三十三個獨自的「我」，而是齊心合一的「我們」。

　　他們與外界隔絕了兩個多禮拜，日日夜夜承受無法想像的煎熬，但他們就這樣生活著，雖然不知道最終是否會被發現，但仍然繼續過著有秩序且相互合作的生活。要活下去，就得這麼做。

　　到了第十六天，食物供應少到不行了，即使每三天只配給「一口」食物，他們還是持續堅持下去。

　　奇蹟就在第十七天降臨，鑽頭打穿了一堵牆，他們被尋獲了。經過五十二天之後，三十三名礦工全部安全逃出了礦坑。

　　如果礦工都以現在的我、囚徒困境的方式來面對他們的苦難，即使不是全部，也會有很多人死去，要是每個人只顧自己，故事將會以災難告終。礦工得以倖存，是因為他們體認到同生共死的真理。他們團結成一個我們，而不是三十三個我，才一起找到倖存的方法。

便當原則

即便我們沒被困在礦坑裡，也不代表沒有被其他事物困住。我們被財務利益最大化控制，困在有限視角的侷限之中。

該如何擺脫這些限制呢？只要能夠認清世界是浩瀚無垠的就行了。

整個世界不只是如此：

而是這樣的：

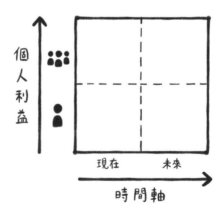

如果這種看待價值的方式成為常態，會發生什麼事？如果大家都能替未來的我們和現在的我們的需求著想，世界又會變得如何？會有更多公司像巴塔哥尼亞修復現有的產品、並鼓勵重複利用嗎？是否會有更多的汽車公司積極尋求解決環境危機的辦法，即使會暫時衝擊公司收益？執行長會願意少賺一些、多給員工一些薪水嗎？我們能像愛黛兒一樣，在滿足自身財務需求的同時，也把對我們重要的價值觀擺在優先的位置嗎？

答案都是肯定的，以上這些事情都會發生，然後其他事情也會跟著發生。看看過去人類在追求財務成長的過程中創造了什麼，想像一下，我們的能力，加上對於價值更深更廣的理解，能夠實現什麼。在這樣世界裡，我們不只是專注於獲得價值，還專注於創造價值；在這個世界裡，我們能以順應自我核心價值觀的方式生活著。

但要怎麼做到？

第一階段：個人便當

很多人都說不出自己的價值觀是什麼，我們忙於追求財務安全（希望自己可以變得非常富有），忙到無法尋求有意義的人生哲學，哪來的時間想這種問題啊？

我們可以怎麼改變？我們怎樣才能發掘自己的價值觀呢？

就從一張白紙開始。

我的「便當」就是這樣開始的，我在紙上畫了一個便當

盒，每個格子裡都寫上一個問題，每個問題都直指那個便當格
子的核心內容，我還在格子旁邊寫下那一格的核心價值觀。問
題都很簡單：我想要什麼，需要什麼？未來的自己想要什麼，
需要什麼？我們想要什麼，需要什麼？未來的我們想要什麼，
需要什麼？

　　我給自己五分鐘的時間腦力激盪這些問題的答案，試著不
去想太多，想到什麼就寫什麼。結果如下：

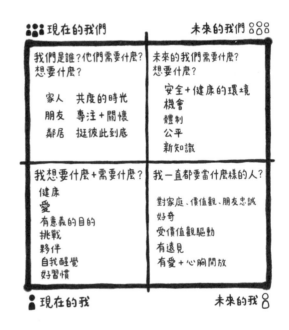

　　我花了更多時間從寫下來的東西尋找當中的相似點和主
題，這些想法有哪些共同的特點、價值觀或動機？幾次修改之

後，我的便當變成這樣：

我的便當

我的動機為何？我的目的是什麼？我的便當都給了我答案，這些都是我的內在價值觀，激勵著我前進，也是我的本質，第一次看這張圖的時候覺得很感動，清楚地展示了我這個人，感覺這些事情很真實。

我的便當完成之後，就開始問它問題，從日常事務開始。以下是一些我問過便當的實際問題，以及便當給的答案。

要跟朋友的家人一起去度假嗎?

跟朋友的深度交流時光	未來的我們/新的家庭傳統
現在的我們	未來的我們
☆**要**	☆**要**
得快點把書寫完 太多工作要做	有點像是我最喜歡的 家庭和諧幸福感
現在的我	未來的我
☆**不要**	☆**要**

現在的我們、未來的我們、未來的我都說要,這趟旅行會跟好朋友一起度過,也會是一段寶貴的時光,還可以延續我們最近全家一起出遊的傳統,這趟旅行跟這幾個便當格的價值觀一致。

可是,現在的我說不要,我不想拖到這本書的截稿日。雖然三個便當格都說要,只有一格不要,我們最終還是沒有一起出去玩。

我們來做個難一點的。

演講是我謀生管道之一,組織、學校和活動都邀請我向他們的聽眾分享我的想法,並且支付酬勞給我,但有時候邀請我

演講的公司，他們所做的事情我並不認同，像是廣告公司、金融服務公司或其他價值觀可能有點偏的公司。

　　我的本能（和反應）就是拒絕他們的邀約，因為接受就會有種出賣自己的感覺，所以我就不要了。但後來我問了便當這個問題。

我要為不喜歡的公司演講嗎？

可以深度思考，不能只對己經認同自己的同溫層談話	要建構更好的理想世界，你會需要這些組織
現在的我們 ☆要	未來的我們 ☆要
向大家展現理想世界+賺錢	你確定你不是在出賣自己？
現在的我 ☆要	未來的我 ☆不要

　　現在的我說要。因為演講能帶來財務上的安全感，也實現了我向人們展示理想世界的目的，我的便當格子沒說我的聽眾應該是什麼樣的人。

　　現在的我們也說要。難道我只能在同溫層演講嗎？或許令

我最焦慮的場所，才是我的聲音能發揮最大影響力的地方，也是我能獲得最深度學習的地方。

未來的我們說，如果世界要遠離財務利益最大化，最該改變的就是這些公司，我應該要把與這些人直接對話的機會，當成大好機會和責任。

然而，未來的我仍然說不要。未來的我擔心的是演講得到的經濟報酬，它質疑我的起心動念，告訴我路要小心走，過去當我糾結不知道該怎麼決定時，就是這個聲音在對著我碎碎唸。但現在我可以把這個聲音放在未來的我的便當格裡，我反而感激它的存在，它就像個保鏢一樣守護我的價值觀，始終支持著我，讓我不至沉淪。

雖然有時我仍會因為未來的我而拒絕演講邀約，但我比以前更開放了。以便當主義者的角度來看待演講工作，改變了我對演講的看法。

* * * *

便當原則以更微觀的視角審視我們的價值觀，清楚點出為什麼有些選擇對我們來說比其他選擇更難。試想一件人們比較難做到的事情：戒菸。我們來想像一下，如果癮君子猶豫是否要戒菸時，他們的便當格會是什麼樣子。

要不要戒菸呢？

家人討厭我抽菸，對小孩很不好　**現在的我們**　☑ 要	如果小孩將來開始抽菸是因為我　**未來的我們**　☑ 要
我很愛抽菸，戒菸很辛苦　**現在的我**　☑ 不要	更健康、更長壽　**未來的我**　☑ 要

　　抽菸的人都知道抽菸不好，曉得從長遠來看，戒菸對他們比較好，也知道戒菸對他們愛的人比較好。然而這個追求快樂的現在的我，對菸癮無法自拔，完全不想戒掉。

　　我們得認清現在的我並不是不理性，而是對尼古丁上癮了，戒掉尼古丁的痛苦根本是地獄。如果可以選擇，有誰會想體驗這種痛苦呢？這就是為什麼現在的我會如此頑固——因為我的觀點雖然狹隘，有時卻又很合理，就像財務利益最大化也是這樣。

　　我們往往需要外界的幫助來改變這些念頭，外界的幫助有正面也有負面版本。以戒菸為例，正面的像是伴侶的鼓勵，負

面的則是醫生要你戒菸時講的恐怖話語，把你嚇得魂飛魄散。這些聲音的出現，能促使人做出不同的選擇，但同時他們早就知道為什麼自己該戒菸，只是現在的我叫他們繼續抽而已。

　　還有更有效果的策略：創造一個現實情況，讓吸菸的現在的我理性戒菸。但是該怎麼做？只要提高抽菸的門檻就可以了，我們的社會也辦到了。我們讓香菸背負罪名，透過徵收高額菸稅把香菸變貴，並禁止在公共場所吸菸，來提高抽菸的門檻。就像是我們已經看到的，只要社會上現在的我們戒菸，現在的我也會跟著戒，優先考慮需要說服的人所持有的價值觀，改變他們的觀點或行為的機會就會跟著變大。

*　*　*　*

　　我開始使用便當格子來思考之後，就把它釘在我的桌子旁邊，手機裡也放了一張便當格子的圖片，活在有雜誌會叫我要顛覆自己的世界裡，有個能提醒自己價值觀的具體東西，真的滿實用的。

　　便當很快就變成我的第二本能，我能迅速在腦海中畫出四個便當格子，在心裡問它問題，再看著每個便當格子閃爍著紅燈或綠燈，回答要或不要。家中要解決問題的時候，我跟太太會開始問對方：「我們的便當格子寫了什麼？」然後從這些觀點進行討論。這協助我們弄清楚什麼是重要的，以及哪些選擇最符合我們的價值觀。

　　有時，問題會需要我寫下答案，就像你們看到的那樣。我會因此能夠細微地了解情況。也許一個便當格反對，不是那個決定本身的問題，而是因為我預設事情應該要有什麼特定結果，這讓我能夠針對情況反覆試驗，直到我得到「要／要／要／要」的結果。

　　這並不代表只有「要／要／要／要」的結果，才是真正的綠燈，正如前面的例子所示，我從便當中得到的回答常常混合了正面跟反面的想法，這可能也是為什麼我一開始會問那些問題的原因。但即使我否決了便當的建議，我對自我核心價值觀更深入地覺知，也會產生與價值觀更一致的選擇，因此過上了比以前更符合本性的生活，便當原則教導我如何用新的角度看待事物。

　　你覺得以上都不可能發生？這是可能的，只要從一張白紙開始，你也做得到。

第二階段：組織的便當原則

　　從便當原則衡量而得到的價值觀對個人有很強的影響力，但光靠這個還無法跟財務利益最大化抗衡。這就是為什麼我們需要組織機構中也有跟便當原則一致的價值體系。

　　組織（尤其是公司企業）擁有巨大的影響力，它們是財務利益最大化和建立規範的推手。如果要有大規模轉向採取便當原則取向的價值觀，就必須和企業一起聯手推動。

　　聽起來很像強迫推銷。大企業幹麼心甘情願地關注財務利益最大化以外的事情？這種作法似乎與最近幾十年來的趨勢背道而馳。

　　這也沒錯，但世界上有許多機構、組織和公司已經用價值觀來設定預期結果和主導決策。雖然外界質疑這些價值觀到底有多真誠（例如：安隆公司（Enron）的兩個核心價值是「誠信」和「尊重」），然而對形塑決策的價值觀而言，它在組織裡頭比其他地方還更能被接受。

　　因為公司的企業結構，所以像公益公司這樣的組織，才有機會在法律章程中列出能夠影響好幾個世代的價值觀和信念。公司在引領未來社會對價值觀的思辨，處於相當獨特的位置。

　　便當原則在組織的作用與對個人的作用是相同的。唯一的不同之處，在於組織裡的我，指的是組織本身的利益，而我們，指的則是員工、客戶、社群的成員以及所有受其決策影響的人們。

　　這是我為蘋果做的便當，以蘋果公開的企業使命、企業識別和策略為例。

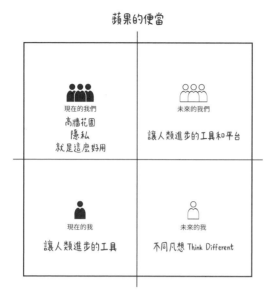

蘋果的便當

做決定的時候，這個便當可以當作蘋果的決策指南（是根據蘋果的實際策略設計出來的便當盒，不是我在運河街[21]買的山寨品的策略喔）。到底應該投注哪些專案？最符合我們便當價值觀的那些。我們該怎麼製造這個新產品呢？按照客戶期望公司整體員工該有的價值觀，以及符合未來的我的標準來製造，依此類推。

當組織確定了便當價值觀，它的目標和指標就會不斷地進化，以反映組織價值觀，財務目標還是存在，以確保組織的永

---

21 **運河街**　美國紐約市曼哈頓一條東西走向的主要街道。

續和獲利，然而與便當原則價值觀相關的目標和指標，都會一起提昇。這個組織能從單單聚焦財務利益最大化蛻變成雙重焦點，同時為財務表現和任何符合使命的需求創造價值。

這會讓所有的組織更接近松下幸之助所說，理想的公司和社會都應享有的「共存共榮精神」、「每家公司，無論再怎麼小，除了追求獲利之外，都該有明確的目標，證明它存在於這個世界的目的」。他寫道：「這些目標應該要與工作無關，而是一種樂趣，是一種讓世界更快樂的使命。」

對一家以改善地球健康為使命的公司而言，關注它們的產品對於環境的衝擊，應該與公司獲利能力一樣重要。公司得願意放棄一些獲利機會（像巴塔哥尼亞那樣提供終生保固，或者像 Etsy 網站提供的「碳補償送貨」一樣），以換成符合公司使命價值觀的投資，它們應該要願意用財務價值去創造非財務的價值。

為了實現俗世的使命，它們必須跟財務考量一樣重要。如果公司的領導階層沒有認真看待公司最重視的環境問題，董事會就必須換成會重視的領導人。這顯示了，雖然這些價值觀所建立的責任感跟以往的經營模式不同，但公司就是公司，是門生意，績效很重要。

有些企業，除了員工餐廳牆上掛的那些陳腔濫調之外，可能說不出它們真正擁護的價值觀是什麼。隨著新舊價值觀的交替速度加快，這些企業可能面臨失去影響的危機。為了能吸引高階人才並且建立忠實的顧客群，這些企業要做的當然不僅只

是提高營收。他們應當找到自己俗世的使命，用獨一無二的方式為它們的社群創造價值。有能力創造出這種價值的企業，就能從新商業模式帶來的衝擊和顛覆性的改變中存活，並且走得長走得遠，而那些沒這麼做的，就掰掰了。

透過與不同組織的合作，來擴展便當原則的價值觀，根本是兩全其美：企業合作的迫切性與開創價值的發展承諾。這就是這個世界所需的共榮共好。

第三階段：價值觀最大化階級

時間到了2050年。

我們站在下東區第二大道和第一街的轉角，也是以前火星酒吧和道明銀行的所在地，兩者早已成為歷史很久了，如今取而代之的是一家正面都是玻璃的店面，門朝著街道。

店裡是一排一排坐滿了人的桌子。有些年長、有些年輕；有些人在聊天，有些人則是聚精會神盯著發光的螢幕。牆上循環播放很多圖表和影片的內容。前門的上方，一個牌子寫著：

便當協會
下東區分會

牌子的下方有個比較小的的手寫標語。「匯豐大通銀行（HSBChase）往這邊走」，箭頭指著外面通往二樓的樓梯。

　　便當協會分會裡，研究人員正在分享最近一組社區發展實驗的成果。其中四項實驗沒有顯著的差異，但有一個實驗看來有譜，屋子裡其他的人討論著這個結果的可能性。

　　當晚世界各地有六十個這樣的會議在進行著，便當協會的月會裡，協會成員們會分享在增加非財務價值觀實驗中所獲得的觀點和數據。分享失敗經驗並不丟臉，在這樣的新領域，每件事都有值得學習的意義。

＊＊＊＊

　　在2050年，便當原則的價值觀已落實於生活中，人們更意識到自我核心價值觀，並且能更順應自我核心價值而活。企業也能夠為更廣泛範疇的價值觀標準承擔責任，對他們來說，這跟獲利一樣重要。雖然緩慢但是確實，經過三十年的光陰流轉，相信合理價值凌駕獲利價值之上的信念已然普及，一個新的隱藏預設已經誕生。

　　隨著便當原則的價值觀出現，人才開始被這種獨特的挑戰吸引。畢竟當一個全新領域的價值觀等在前方時，把才能全部挹注於創造最大財務利益，似乎是種浪費。由千禧世代和Z世代當中最優秀聰明的年輕人引領，這群人已然成為新價值觀最大化階級的開拓者。

　　會計師、木匠、社區幹事、建築工人、數據科學家、設計師、生態學家、經濟學家、工程師、創業家、金融分析師、新

聞記者、律師、二廚、氣象學家、政治人物、社會學家、老師、卡車司機、風險投資人、女服務生、學生和退休人士，大家都致力於尋找、衡量和發展合理、非財務價值觀的使命。這些人的工作，是由便當協會資助和協助推廣，如同我們剛才看見下東區分會所做的一樣。

小組第一批專案當中，其中一項是收集和分析公司內部有關價值觀成長的投資數據，仔細審查研究了數百個案例之後，研究人員找出了價值提昇的三個主要途徑。

1‧在新事物中創造新價值。

2‧在既有事物中創造新價值。

3‧在既有事物中創造既有價值。

第一個途徑中發展最成功的項目是增值信用貸款（value-added credit, VAC），這是一個政府資助、有利息的資金，用於獎勵長期開創價值的企業和社區中心。隨房地產價格不斷上升，增值信用貸款能幫忙上千個社區的主要商家繼續維持營運，甚至是擴展營運規模。

然而在所有在新事物中創造新價值的實驗裡，VAC被證明了是唯一有意義的成功。其他所有的嘗試，如快閃價值觀水療和價值觀機器人，雖然立意良善，但對大眾的吸引力卻不大。

依循第二和第三條途徑的價值創造專案（在既有事物中創造新價值或創造既有價值）則是截然不同的情形，調查顯示，幾乎所有的企業都成功創造了既有事物的價值。例如：

● 愛黛兒的實驗引領了其他人重新設計他們的演算法，從

創造財務利益最大化變成公平最大化。這就延長了原始演算法的價值，並且讓公平最大化的策略，能夠被廣泛運用在居住、醫療照護、旅行，甚至是交通上面。這些也就是所謂的平權演算法，正好與荷蘭式拍賣[22]邏輯相反：將低價格、能力最低的，跟有最高需求的匹配在一起，可用於房地產、教育資源和其他共享公共資源的分配上。

- 將企業為了行銷而收集的客戶名單和評比客戶的演算法反向設計，並且再利用這些演算法在社群成員裡形塑導師制和同儕圈。分類工具能把處境類似的人（在醫療或財務困境中掙扎的人、創業中的人士、新手爸媽），與其他正經歷相同處境，或已經有成功經驗的人們聚集在一起。這大大增加了個人和平台的自主性、社區意識、知識、精益求精的追求和目的價值觀。

- 為了減少資源的使用，許多企業轉而採用「長青」模式，也就是民生消費品的付費訂閱模式。消費者先付出些許的費用，然後每個月繳交使用費，就可以繼續持有產品（「長青」一開始是口語的批評，因為這些產品是需要長久一直付費的）。產品保證可享有終身的保固和免費維修。即便有爭議性，但長青產品的確減少了商品的製造、資源的消耗，並降低了消費主義。企業因為維修需求增加和設施重複使用，而維持甚至增加獲利，以及創造更多就業機會。

　　價值觀最大化的階級對這些專案的概述 ——**21世紀價值**—— 可以說是意義重大。其中最重要的倡議，是為十幾個非財務價值觀建立衡量標準，以及用以追蹤價值產出總和的衡量公式，稱為國內價值總值（GDV）。

　　量測標準的建立讓更多的企業甚至政府一起加入價值觀成長是基礎設施的新領域，將近五分之一的營利企業採用了獲利與使命導向的雙重願景來創造價值，當中很多只是炒作，但也有很多是玩真的。

　　華爾街分析師估算這些企業的市值比起其他只以營利導向的競爭對手還要低20%，然而，便當協會的分析卻發現，一旦將這些企業創造的非財務價值觀納入考量，雙重願景公司的價值產出效率，明顯高出很多。非財務價值其實是個很好的財務投資。

　　當人們、組織、機構和工具與這種新價值的意識越趨近一致，國內價值總值在全球各國開始出現曲棍球桿曲線的上升。透過更寬闊的視野，世界從原本的稀缺匱乏轉變為豐饒有餘。

價值觀螺旋

　　想讓這樣的未來成真，我們每個人都有該扮演的角色。不

22 **荷蘭式拍賣**　價格逐步降低到有人願買為止。

只是未來的自己而已，而是此刻的我們。

　　我們每個人就像指揮，有時候也是改革者，把一長串的想法和價值觀從時間的一端導向另一端。哪些價值觀會持續存在，哪些價值觀會被改變，完全取決於我們每個人。

　　便當原則展示了它的運作方式。

　　為了更清楚地描述便當所代表的內容，這裡的便當盒，每個格子的名稱都做了些微調。

　　「現在的我」的標籤就是「我」。

　　「未來的我」的標籤是「價值觀」，那些對你來說，永遠是最真實的東西。

　　「現在的我們」的標籤是「關係」。

　　「未來的我們」的標籤是「我$_2$」，就是下一代。

現在的我們　　　　　　　　　　　未來的我們

關係	我$_2$
我	價值觀

現在的我　　　　　　　　　　　　未來的我

這是我的便當，對我而言，我$_2$代表我的兒子，來看看當我們嘗試做他的便當時會發生什麼事情。

```
                        關係              我$_3$

      現在的我們              未來的我們

              關係        我$_2$        價值觀

              我        價值觀

      現在的我              未來的我
```

他的便當直接從我的便當延伸而出，我的價值觀和人際關係對他發揮了直接的影響，太太跟我是他身後的推動力，我們的價值觀奠定了他立足的基礎。他會跟我們一樣，從生活中定義、探索自己，而我們就是他身後和腳下的推進力，形塑出他這個人。

我$_2$（我的兒子）和我$_3$（他的孩子，如果他有生的話），也是一樣的。

關係　　我₄

關係　　我₃　　價值觀

現在的我們　　　未來的我們

關係　　我₂　　價值觀

我　　價值觀

現在的我　　　未來的我

　　這也代表，回溯一代之前，我父母親的「我₋₁」的價值觀和關係，對我也發揮了相同的影響。他們為我設定了如何評價和看待這個世界的標準。

關係	我$_4$	

| 關係 | 我$_3$ | 價值觀 |

現在的我們　　　　未來的我們

| 關係 | 我$_2$ | 價值觀 |

| 關係 | 我 | 價值觀 |

現在的我　　　　未來的我

我$_1$	價值觀

　　這個鏈結一直延續下去，價值觀和規範代代傳承，從這組參與派對的人到下一組人，這就是家族維繫的方式，也是一個社會能持續的原因。我把承載的這股力量，稱為價值觀螺旋。

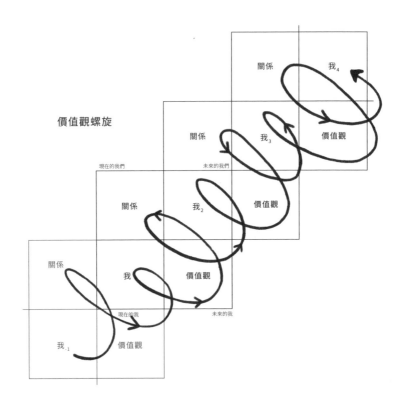

價值觀螺旋

關係　　我₄

關係　　我₃　　　價值觀

現在的我們　　　未來的我們

關係　　我₂　　　價值觀

關係　　我　　　價值觀

現在的我　　　未來的我

我₋₁　　價值觀

　　價值觀螺旋是由時間驅動的自然力量，承載著我們的價值觀、習俗、甚至我們在不同時代的隱藏預設。價值觀螺旋盤據在我們集體與個人的選擇，以及我們生活的方式中，並且直接影響我們後代子孫的價值觀。這個派對不會停止。

　　十八世紀的蘇格蘭哲學家大衛・休謨（David Hume）曾想像沒有世代影響的世界。

　　為此他提出一個人類活得像毛毛蟲和蝴蝶的宇宙，這一代

人（毛毛蟲）會死在自己結的繭裡頭，下一代（蝴蝶）會破繭而出，跟上一代毫無互動。

休謨賦予人類每次破繭而出就能重新設計世界的能力。這會是什麼樣的世界呢？我們會做出更聰明的選擇嗎？這會是更好的生活方式嗎？

答案是否定的。他判斷結果會一塌糊塗，太多事物太常改變，沒有傳承，社會根本無法成形。

＊　＊　＊　＊

對我們面臨的所有挑戰，大家身上都裝備著非常奧妙的工具：祖先們的努力與經驗薈萃所傳承下來的集體智慧和價值觀、前人們樹立的體制、以及我們研發出的科技和技術。

為了能善用這些工具，我們必須盡到我們生而為人的責任；我們必須對文化和價值觀保存的永續發展更有意識；我們必須更有意識覺察、更警惕自己扮演的角色；我們每個人都必須出一分力。

在我們希望能扭轉價值觀的領域中，我們應該持續努力去改變，那些事物不會自己改變，而我們也應該對改變這件事所須付出的努力有正確的認知。即便我們終其一生都看不到終點線，也不代表我們就輸掉了比賽。

如果我們期待價值觀在某些領域長存，我們就要窮盡一切努力確保它能留存下來。要為了在家庭、社群、組織和生活模

式中具有正向主導的價值觀大聲疾呼，我們不該把它視為理所當然，或在該替價值觀辯護發聲時選擇沉默。

有時候即便我們付出了努力，我們愛護的價值觀仍會逐漸消逝，在那個時候，我們更要懂得感恩這個改變的緩慢過程，對那些即將逝去的，我們都需要時間哀悼，並適應新的常態。

* * * *

在不遠的未來，某一天，財務利益最大化的價值會逐漸消逝，系統中的異常會開始累積，危機時刻將會來臨。

原來的位置上會有什麼價值觀崛起？我們對價值的看法會擴展嗎？我們會學著用新的方式看待利益嗎？我們會從合理的自私自利，轉變成合理的順應自我核心價值嗎？

本書的一開始，你可能說這是不切實際的目標，或許你仍然這麼認為，但是我希望我能讓你相信，對價值有更廣泛的理解，能夠大幅增加我們的潛力，而且我們的生活和所處的組織中都有無限的價值，等著我們去解鎖。

從我們這裡到目標的中間還有好多的停靠站。這條路很長，但就像左轉，你只需要一個值得一去的目的地，還有一顆想要抵達的決心。

謝辭

　　本書有機會誕生，是因為許多人的慷慨、支持以及智慧。

　　獻給我的母親瑪吉·森特爾（Margie Sentelle），感恩您深植我心中堅定的價值觀，以及對閱讀的熱愛。我果然是您一手拉拔長大的；獻給我的父親C·G·史崔克勒（C. G. Strickler），感恩您的慈愛和敏銳，感謝您賦予我音樂天分，我好愛您；獻給我的繼父湯米·森特爾（Tommy Sentelle）和我的繼母凱倫·史崔克勒（Karen Strickler），感恩兩位數十年來給我的愛護和支持；獻給我的岳父S·J·金（S. J. Kim）和岳母可可·金（Coco Kim），謝謝您們對我的愛和照顧；感謝我的兄弟們史蒂芬·森特爾和狄倫·史崔克勒（Stephen Sentelle and Dylan Strickler），你們倆也真不賴。

　　給陳佩里和查爾斯·阿德勒，感謝和我一起創造了改變我一輩子的合夥關係，如果沒有我們一起創造和分享的經驗，這本書連影子都沒有。而每一位過去和現在曾在Kickstarter裡的人，感謝你們的情義相挺，你們的熱忱，一路的扶持，讓我蛻變成今天的自己、成為一個領導者，並與我共創一個美好的、像家人一樣的溫暖關係。

　　如果沒有許多心靈導師的鼓勵，我的作家人生根本不會開始。由我的老師開始：日泉基督學院（Dayspring Christian Academy）的強森老師（Ms. Johnson）和汪雀普老師（Ms. Wontrop）、賈爾斯高中（Giles High School）的史沃普老師

（Mr. Swope）、威廉瑪麗學院（College of William & Mary）的山姆・卡什納（Sam Kashner）和瓦倫・貝格利（Varun Begley），感謝您們每一位願意在我身上投入時間，讓我接觸到新的想法；給我的第一任編輯，瑪德琳・羅森堡（Madelyn Rosenberg），以及《羅阿諾克時報暨世界新聞》（Roanoke Times & World-News），謝謝你們包容十六歲的我；給萊恩・薛伯（Ryan Schreiber），謝謝你當時給我機會邀請我參與乾草叉（Pitchfork）的寫作；給艾拉・羅賓斯（Ira Robbins），謝謝您對我的指導，和多年來的友誼；給查克・艾迪（Chuck Eddy），謝謝您把我不請自來的唱片評論刊登在《村聲》上，還讓我持續不斷地寫信給您；給麥可・阿澤拉德（Michael Azerrad），謝謝你讓我成為eMusic的第一位員工，並且創作了《不用偽裝》（Come As You Are）和《我們的樂團可以成為你的生命》（Our Band Could Be Your Life）這兩本書；給弗瑞德・威爾森（Fred Wilson），謝謝您身為董事對我的指導，謝謝您每天在自己的部落格（AVC）清晰公正地發文。

感恩這些年來跟我合作過的編輯朋友們，包括喬・凱斯（Joe Keyes）、艾力克斯・奈杜斯（Alex Naidus）、傑森・格林（Jayson Greene）、米開朗基羅・馬托斯（Michaelangelo Matos）、喬瑟琳・格萊伊（Jocelyn Glei）、馬克・門根（Mark Mangan）、薩夏・路易斯（Sascha Lewis）、安居利・艾耶爾（Anjuli Ayer）、尼茲・阿貝比（Nitsuh Abebe）、尼克・西爾維斯特（Nick Sylvester）、維拉・柯納（Willa Koerner）、凱西・馬奇多（Cassie Marketos）、梅根・歐康諾（Meaghan O'Connell）、麥克・麥格雷戈（Mike McGregor）、布蘭登・史托雷（Brandon Stosuy）、布瑞特・坎伯（Brett Camper）、梅麗莎・馬爾茲（Melissa Maerz）、瑞區・朱茲維克（Rich Juzwiak）、喬・羅賓森（Joe Robinson）、麥可・布萊森（Michael Bryson）、史賓瑟・考夫曼（Spencer Kaufman）、克里斯・卡斯基（Chris Kaskie）、馬克・理查森（Mark Richardson）、尚恩・芬尼西（Sean Fennessey）、湯姆・尤因（Tom Ewing）、安迪・凱爾曼（Andy Kellman）、大衛・卡爾（David Carr）、史丹利・布斯（Stanley Booth）。

在寫作本書的過程當中，我很幸運能得到許多合作者的通力協助。

致茱莉・伍德（Julie Wood），感謝妳策勵我，讓我為了網路高峰會寫具有獨創性的演講稿，感謝妳一直是充滿歡樂的人；致勞芮・施伍爾斯特（Laurel Schwulst），感謝妳一直是這麼優秀的合作者，和我一起打造出未來的氣息；致崔西・馬（Tracy Ma），感謝妳是這本書美術版本的早期合作者，而且在後來提供很有幫助的參考資料；致蜜莉恩・加西亞（Miriam Garcia），謝謝妳為這個案子做了超棒的詳細研究，這真的相當重要；致埃文・艾伯蓋特（Evan Applegate），謝謝你製作了這本書的圖表，跟你工作很自在；致丹尼爾・阿諾德（Daniel Arnold），感謝你一直那麼炫，感謝你在我四十歲生日的第一天早上幫我拍下的作者照；致約翰・桑德曼（John

Sundman），感謝你在事實查核方面的協助，尤其擔任書中比較棘手主題上的第二雙眼睛，幫我看頭看尾，也感謝約翰‧比格斯（John Biggs）的引薦；致札克‧西爾斯（Zack Sears），感謝你與我討論封面設計；致詹姆士‧妙（James Miao），感謝你在駭客新聞（Hacker News）上發布演說，幫忙宣傳了早期的理念；致馬利斯‧克雷茲曼（Maris Kreizman）和歇‧尚雷諾（Shea Serrano），謝謝你們專業的出版業知識和人脈引薦；致羅賓‧斯隆（Robin Sloan），謝謝你推薦了《斷裂的時代》（Age of Fracture），最終催生出便當原則；致卡汀卡‧巴特（Katinka Barysch），感謝你的智慧，還有當教授說醫學的發展重新定義了健康的意義時，你意味深長地看著我；致肯‧盾（Ken Tun），感激你成為我第一個支持者——書已經寄過去了；致伊莉絲‧伯內特，謝謝你讓我在你的課堂上展示這本書的早期版本，也感謝我的全球青年領袖論壇（YGL）的同學們如此慷慨地聆聽；致弗瑞德‧本南森（Fred Benenson），感謝你檢查我的數學計算；致傑森‧柯奇（Jason Kottke），謝謝你推薦《萬病之王》（Emperor of Maladies），這本書提供了健康的資訊；致克莉絲汀‧坎特納（Christine Kantner），謝謝妳這位好朋友和好鄰居，還邀請我到妳的沙龍演說；致華瑞斯‧阿魯瓦莉亞（Waris Ahluwalia），感謝你的友誼和大方的相挺，讓我把這些想法付諸實現；致諾愛兒‧奧謝羅夫（Noel Osheroff），謝謝妳邀請我在妳家裡寫作。我們的共事關係是一段值得珍藏的回憶。

　　少數幾位最初的讀者對於這本書的方向有著無價的影響。致我的朋友伊恩・賀加斯（Ian Hogarth），你的才華和對趨勢的敏銳洞察對本書的影響不亞於任何人；致我的老友史提夫・艾斯卡（Steve Eskay），謝謝你的真誠回饋以及在我歷經懷疑時給予的鼓勵；致崔斯特蘭・斯圖爾特（Tristram Stuart）和賽門・斯邁爾斯（Simon Smiles），感恩你們花了超級寶貴的時間把這本書變得更好；致我的朋友伊麗莎白・霍爾姆（Elisabeth Holm）、傑森・巴特勒（Jason Butler）、拉斐爾・羅森達爾（Rafael Rozendaal）、海登・波爾賽諾・亨斯禮（Haden Polseno-Hensley），和賈斯汀・凱茲瑪克（Justin Kazmark），感恩你們讀了最初的草稿；致艾利克斯・塔巴洛克（Alex Taborrak），謝謝你不僅僅樂於分享你愛這本書的地方，更願意分享你討厭這本書的地方；致我的朋友亞當・柯蒂斯（Adam Curtis）、伊恩・羅傑斯（Ian Rogers）和賽門・羅素（Simon Russell），謝謝你們願意聆聽、思考這些想法。

　　致哲學家麥可・瓦爾澤（Michael Walzer）寫的《正義的領域》（Spheres of Justice），以及哲學家伊麗莎白・安德森（Elizabeth Anderson）著作的《倫理學與經濟學的價值》（Value in Ethics and Economics），感謝你們書中精彩的想法，我希望本書能讓眾人跨出象徵性的一步，更深刻意識到你們的想法；致羅伯特・吉布斯（Robert Gibbs），謝謝你幽默地回答了我不左轉規則的問題；致強納生・鮑爾斯，感謝你分享你對紐約市透徹的理解，以及多年來你為了幫助這個城市所做的工

作（謝謝埃里・德沃金（Eli Dvorkin）的引薦）。致西田康平（Kohei Nishida），謝謝你買了好多便當並拍攝正式的便當照片；致提姆・羅恩（Tim Rohan）和史丹・康納斯（Stan Connors），謝謝你們讓我使用鯔魚頭的照片（恭喜你史丹，這張照片超優）；致亞當・格蘭特（Adam Grant），謝謝你慷慨大方的撥冗和建議。謝謝所有同意閱讀本書並且願意給予讚美之詞的超凡的作家們，以及我從他們的書中所學到的一切；感謝音樂家艾林約亞（Erlend Øye）、索蘭芝（Solange）、海璐・莫吉亞（Hailu Mergia）、法老王山德斯（Pharoah Sanders）、艾莉絲・柯川（Alice Coltrane）、莫拉突・阿斯搭克（Mulatu Astaske）、法蘭克・海洋（Frank Ocean）、杜魯蒂・科倫（Durutti Column）、未來小子（Future）、庫特・維爾（Kurt Vile）、傑・迪拉（J Dilla）和尤金・麥克丹尼斯（Eugene McDaniels），他們的音樂啟發了我，在我腦袋轉個不停時陪伴著我；感謝Ideaspace在整個過程中跟我的談話，謝謝艾倫・摩爾（Alan Moore）闡述了Ideaspace的存在，也謝謝約翰・希格斯（John Higgs）在他以KLF為主題的這本書裡把它描繪的如此精彩。

感謝我在紐約的家人們：肯德爾和亞當・肖爾（Kendel and Adam Shore）、布麗姬和查爾斯・貝斯特（Bridget and Charles Best）、勞倫斯・卡蒂（Laurence Carty）和保拉・安特那利（Paola Antonelli）、岩村莉娜（Lena Iwamura）、阿格涅絲卡・庫蘭特（Agnieszka Kurant）、麥克爾・羅森（Michal

Rosen）、安東尼・沃洛德金（Anthony Volodkin）、約書亞・斯戴爾曼（Josh Stylman）、彼德・赫什伯格（Peter Hershberg）、艾倫・德爾・里約・歐提茲（Alan Del Rio Ortiz）、CJ安德森（CJ Anderson）、皮特・弗里茲（Pete Fritz）、艾德・科爾曼（Ed Coleman）、格雷格・科斯特洛（Greg Costello）、莫琳・霍本（Maureen Hoban）、賈明・華倫（Jamin Warren）、傑斯・菲爾普斯（Jess Phelps）、傑西・鮑爾（Jesse Ball）、清水廣達（Qanta Shimizu）、道格・謝拉爾（Doug Sherrard）和莉茲・庫克（Liz Cook）；也謝謝傑瑞・科隆納（Jerry Colonna）、查德・迪克森（Chad Dickerson）、派崔克・科里森（Patrick Collison）、伊凡・威廉斯（Ev Williams）、安迪・拜歐（Andy Baio）、珊妮・貝茲（Sunny Bates）、蒂娜・蘿絲・艾森柏格（Tina Roth Eisenberg）、蘭斯・艾維（Lance Ivy）、霍普・霍爾（Hope Hall）、傑夫・哈梅巴赫（Jeff Hammerbacher）、提姆・奧萊理（Tim O'Reilly）、傑斯・薩奇（Jess Search）、珍妮佛・波卡（Jennifer Pahlka）、伊藤穰一（Joi Ito）、錢盈（Karin Chien）、凱里・普特南（Keri Putnam）、路易斯・馮・安（Luis Von Ahn）、馬克斯・特姆金（Max Temkin）、德雷・麥克凱森（Deray McKeesson）、勞倫斯・雷席格（Lawrence Lessig）、達雷爾・莫雷（Daryl Morey）、泰勒・柯文（Tyler Cowen）和塔尼亞・奇爾帕特（Thaniya Keerepart）；感謝我在迴音公園（Echo Park）的家人們：翠西（Trish）和托尼・昂魯（Tony Unruh）、路西安・昂魯（Lucien Unruh）、洛汗・阿里（Rohan Ali）、艾莉克薩・米德（Alexa Meade）、安娜・布爾布魯克（Anna Bulbrook）和薩迪・漢森（Sadye Henson），謝謝你們讓我們有回到家的感覺；給二十九棕櫚旅村（29 Palms Inn），謝謝你們一直是個充滿靈感和撫慰心靈的所在。紐約市、下東區和中國城，如果少了你們的能量和啟發，這本書就不會產生。二十多年來，你們給了我好多好多。

獻給我的經紀人丹尼爾・格林伯格（Daniel Greenberg），謝謝你對我信任的同時，還是會提出疑問，你的高標準在早期便為我制定了一個要努力達成的工作指標；獻給我的編輯艾蜜莉・文德里奇（Emily Wunderlich），謝謝妳給我這個機會，謝謝妳深思熟慮、溫柔地引導著這本書的寫作過程。謝謝妳總是有辦法提出困難的問題，感謝妳確保這本書最終付梓時成為它該成為的模樣，謝謝妳一直信任我，宇宙讓我們相遇，我真的好幸運。

最後，也是最重要的，我要感謝我出色的太太潔米・金（Jamie Kim）和我的兒子寇吉（Koji），你們就是我的生命之光，我每天的靈感來源，我生命的所有。潔米，在這個漫長又充滿挑戰的過程中，妳總是滿滿的耐心，總是願意聆聽，總是在旁鼓勵著我，告訴我我可以做得到，而且無時無刻都能說出充滿智慧的話語，妳的愛就是一切，我深深地愛妳；還有寇吉，你是我的兒子也是我的英雄，我看著此刻的你，雖然才三歲，我已經看見一個敏銳、有愛、聰穎的孩子，你讓我歎為觀

止，才三年的時間，我覺得我已經沒有東西可以教你了，我已經迫不及待等你長大到可以讀這本書，並找到自己在這個世界上的位置，不管你將來做什麼，我都為你感到驕傲。

這份長長的名單，可能還漏掉了許多對我意義深重的人，我不可思議的幸運，因為許多了不起的人們，讓我的人生發生了轉變，僅此向每一位致上我最誠摯的感謝。更感謝你，正在閱讀這本書的讀者，謝謝您花時間讀這本書，謝謝你關注本書。我深知這些都是無比珍貴的。

愛與和平，

顏希

譯者後記

本書作者史崔克勒先生是群眾募資平台Kickstarter的共同創辦人,群眾募資的商業模式一直都帶有社會關懷的理念,顛覆以往創業一定要具備足夠資本的觀念,讓擁有絕佳創意卻苦無金援的人也能獲得實現夢想的機會。

《我們的未來》封面寫的是「獻給豐饒世界的宣言」,可以說本書試圖為讀者展示一個理想的未來社會。動手翻譯之前,本以為是個理想主義者一廂情願的期待,結果越是翻譯,越是被作者的文字燃起熱血——世界就該這個樣子呀!能賺最多錢的決定,真的一定是最好的決定嗎?工作的目的、創業的初衷,就是為了要賺更多錢嗎?擁有越多財富,就一定越快樂嗎?作者綜觀近代歷史,針對政治、社會、文化、醫療,一路到流行音樂、籃球與電視、電影等面向,提出許多值得現代人思考的問題。原來生活當中的許多傳統與慣例,一開始都是人為建構的,那些根深蒂固的事物並不如我們想得那麼天經地義。手敲打著鍵盤,內心一邊吶喊:哇,原來金錢利益至上的信仰,影響如此廣闊深遠,連早餐店位於馬路的哪一側、電影續集、選舉(這個我沒有太驚訝)都是「向錢看」的優化結果。只是,利益至上的觀念與生活方式,真的讓我們比從前快樂嗎?目前世界各地日益擴大的貧富差距、中產階級的消失、房價飆漲、「下流老人」一詞的出現,我想問題的答案已經很清楚了。

　　聽起來還真是絕望啊，上一代人價值觀的向下複製，產生了目前的結果，但還不到絕望的時候，本書會顛覆你看待世界的方式。作者提出了一個叫做「便當原則」的思考框架，讓我們能夠用更深廣的方式去看待一切——大至世界運作的方式，小至個人工作與生活的面貌。翻譯結束之後，某一天與編輯討論的時候，我忽然說：「你有想過為什麼要叫做便當原則嗎？」「因為便當盒剛好四格，符合他要講的框架吧。」「或許是這樣，但你記得嗎，作者提到便當盒體現了日本人吃八分飽的精神。我想應該也是要提醒世人，在面對財富這件事情上，追求極大財富不一定是最好的，吃到飽不一定好消化，八分飽也很好。」

　　知名作家及TED TALK演講者賽門・西奈克說，本書是把人放在利益之上，卻又能同時讓所有人同時長期獲益的思考架構；行銷鬼才賽斯・高汀說，本書是任何關心世界未來的人的必讀之作；而我認為，每個人都該關心這世界的未來，誠如比爾蓋茲所說：「我感興趣的是未來，因為我的餘生會在那邊度過。」只要每個人都能轉變思維，世界一定能夠改變。

　　最後，本書書名，本來我想翻譯的是「許我們一個，這樣的未來」，雖然最後沒有被採用，但這是我想說的：希望世界上的每一個人，能夠共同創造書中所述的，這樣的未來。

　　　　　　　　　　　　　　　　　　　　　　　沈志安

附錄

　　我希望我喜愛的每本書籍，都能有一個像這本書附錄一樣的內容，包括更深入審視便當原則的哲學根源、一份閱讀建議清單、三十年變化論的延伸思想以及其他補充。

便當原則的起源

　　長久以來，我一直認為我們對於價值的認知過於狹隘。還記得十多年前，我在《哈潑》雜誌（Harper's Magazine）上讀過一篇文章（但我一直找不到這篇文章），內容有關GDP無法區分民眾的金錢是用在社會正面的用途或者是負面的用途之上。這個觀點我一直在我腦中，我們的衡量系統怎麼可以如此籠統而含糊呢？

　　當我成為Kickstarter的共同創辦人和領導人，我腦中的這些直覺變得更加強烈。我們很清楚金錢的重要性，我們想要獨立，想要有自主權，意思是我們公司要有盈餘。但我們也清楚金錢可能會變成一種麻煩，渴望不停地成長和增加財富，會導致我們短視近利並捨棄應有的價值觀。

　　在Kickstarter同事茱莉‧伍德的鼓勵之下，如本書前文的描述，我在網路高峰會的演講中，提及了財務利益最大化的概念，日後在擔任執行長期間，我每次的演講中都會持續論及這個主題。

　　在2017年我卸任Kickstarter執行長一職後，便開始思考更多有關金錢價值和其他價值觀定位的差異，我進一步了解我

們所相信的金錢價值的歷史背景，找出我們如此深信金錢重要性的原因，我們又為何對此深信不疑。這使我一頭埋入研究和閱讀的世界，在這本書的前半段有提到其中一些相關內容。

閱讀過程中，我讀到了許多關於金錢的歷史、金錢的重要性和金錢的邪惡的相關內容。我很難找到人們像我一樣發掘、思考金錢之外的價值空間，我想要證明金錢以外的價值和金錢價值其實一樣，兩者都建立在理智之上。以前有人提過這種觀點嗎？

然後某天我發現一件事，我讀到《斷裂的時代》，這是丹尼爾・羅傑斯（Daniel Rodgers）所寫的一本引人入勝的書籍，書中提到的社群主義（communitarianism）運動，擁護了一套更為廣泛的價值觀。事實上，美國智庫蘭德公司其中一位核心的賽局理論學者（約翰・納許（John Nash）是《美麗境界》（A Beautiful Mind）的電影和傳記的主角），他在1970年代搬到社群主義的社區裡居住。基於好奇，我繼續鑽研社群主義，直到我讀到一本麥可・瓦爾澤的書。

瓦爾澤是普林斯頓高等研究院社會科學的榮譽退休教授，他1983年的著作《正義的領域：捍衛多元主義與平等》（Spheres of Justice: A Defense of Pluralism and Equality），在這本鮮為人知的書中，我發現截然不同的「價值」概念。

瓦爾澤看到我們的問題出在「支配權／主導權」（dominance）上。金錢和以往的一些價值觀，在不應該主導的領域中，卻擁有支配權。根據他的觀察：「出生和血統、土地資

產、資本、教育、恩典、國家權力都會被拿來支配某個群體，或使某個群體去支配其他群體。」

結果呢，在我們生活中，有許多層面無法臻至理想狀態，因著不合理的支配，這個世界的發展潛能被不公平地削弱了。瓦爾澤寫到十七世紀法國大師布蘭茲・帕斯卡（Blaise Pascal）在1670年《思想錄》（Pensées）文集中提及「專制霸權」的論述。

「專制霸權的本質就是渴望統治全世界、統治自身領域之外的權力……（它是）超越自己領域之外，欲求掌控一切的權力。」

帕斯卡又說：

不同夥伴之間有人孔武有力、有人貌似潘安、也有聰明的或敬虔的，每個人都有自己擅長的領域，偶爾狹路相逢，強壯的和英俊的二人，相互競爭主導權。蠢就蠢在各自的優勢不同，他們彼此誤解，犯下想要掌控所有面向的錯誤，不管付出什麼代價都辦不到。即使是孔武有力的人，他在智慧的國度也是無力可施。

在這個世界中有各路英雄好漢，並非一人獨霸天下，每個領域都有支配該領域的正確價值觀以及正確評價方式。

瓦爾澤的提議是要改為透過他提出的「複雜的平等」以及「政治平等主義」去限制金錢帶來的衝擊，或是限制其他的支

配價值的影響力，這麼做的目的是為了讓「社會能擺脫支配的挾制」。

瓦爾澤的觀點很反直覺，認為支配權只要限定在一個範圍內，就沒有問題。正義應在正義的範疇內取得支配地位、慈愛應在心靈的範疇內取得支配地位，每一種價值觀都有自己應正確支配的位置。根據瓦爾澤的理念，即使是在限定領域中的商業壟斷也是可以接受的，壟斷及支配市場的地位可藉由公平的方式取得，並可為大家帶來好處。

而問題是在於它們會在不應該壟斷的地方開始操控市場。瓦爾澤寫道「我們應著重於降低支配權，而不在於是否打破或限制市場的壟斷」，並且「應該要思考限縮物品買賣範疇的意義何在」。接著他又提到：

> 想像一下，假如現在社會上各式各樣物品都有一個自己的買賣範疇（就像已經成為常態一般，限制了政府持續的介入），但沒有什麼特定商品是一開始就能到處買賣的……大致上說來，在沒有國家大規模的行動之下，普羅大眾一般對自由買賣持反對態度，希望在他們自己有能力和控制的領域中進行交易。

這段話有點晦澀難懂，但他要我們去思考的是，一個在每個領域都有自己的法則和標準的社會，手中有大把鈔票不代表你就會變漂亮，美貌跟金錢是完全不同的領域。你不會因為有

了其一，就得到另一個，這是人們可以藉由自己的價值觀和他們所堅持的理念來控制的。

我們每個人都有擅長的舞台，不該讓我們在天分、優勢都不到位的範疇，拿到不當的權利。瓦爾澤寫道：

> 以甲乙兩位公民來說，如果甲公民被選任為從政人員，那麼他們二人在政治領域上就是不相等的。但只要甲公民的政治單位不會賦予他在其他範疇內的優勢，那麼他們的不平等就不會延伸到其他領域中（像是更好的醫療保險、孩子可以就讀更好的學校、更好的創業機會等）。

> 只要金錢不是如此具有獨霸的支配權，那財富不平等就比較沒有關係。擁有大量財富，就會像擁有一大堆衛生紙一樣，在某個情況是好用的必需品，但不會在每個情況都不可或缺。

> 從「複雜的平等」的角度來看，你有遊艇而我沒有，或是她的Hi-Fi音響設備比他的更高級，這些都沒差，都不重要。人們在不在乎這些事情，那是文化問題，而不是公平正義的問題。只要遊艇、Hi-Fi音響和地毯的存在，有的僅是使用上的價值和個別象徵的價值，那麼這些物品分布不平均，並不重要。

　　瓦爾澤的遠景是，一個沒有專制霸權的世界。在這世界中，每個領域都由自己的價值觀所支配，而不受其他事物所主導。原因就如同瓦爾澤撰述：「我們人類是會產生文化的生物，而我們的習俗慣例有其意義，企圖推翻就是霸權的行為。」

　　答案不會是單一想法或辦法的成長，而是各種觀念和辦法能百花齊放。

　　我們可以想像社會是由世襲國王、仁慈的君王、擁有大量土地的貴族、資本主義執行委員會、官僚政權或革命先鋒管理的。民主的觀點就會是，若所有群體的每位成員都能共享政治權力，那每個成員就都能得到尊重。

　　因為我們一直被偉人的神話洗腦，所以我們會覺得這種說法難以接受。瓦爾澤又寫道：

　　我們聽過有關戰場上的英雄變成了企業家，又變成了完美演說家這類的故事。金錢、權力或學術能力變成了傳奇的名聲，這都只是虛構的小說，就算真有其事，這樣的英雄也寥寥可數，不足以成為統治階級。整體看來，功成名就的政治家、企業家、科學家、軍官和愛人都只是不同的人群，只要他們所擁有的事

物，不會衍生出其他的東西，我們沒有理由害怕他們
的成就。

閱讀瓦爾澤的文字讓我豁然開朗，每一種價值都擁有自己
的支配權，這樣的論點一直在我腦中盤旋。如果這種說法成
立，我們如何知道我們在哪一種領域中呢？我們又如何知道哪
些是攸關重大的價值觀呢？

一年後我又讀到一本書，重塑了我的想法，它是 1993 年
由美國哲學家伊莉莎白·安德森所撰寫的《倫理學與經濟學的
價值》。安德森是密西根大學的教授，她深入瓦爾澤多元價值
觀念並進一步探討。她寫道：

> 面對珍視的東西，我們不會僅僅只有渴望或快樂的反
> 應，我們也有愛慕、崇拜、尊重、喜愛、敬畏等情
> 緒，我們因此明白這世界上事物不是單一的，它們種
> 類跟本質都大不相同，它們的不同之處，不僅僅是他
> 們價值多少錢，還有我們是如何看待他們的價值……
> 各種關懷、在意事物的方法，是我的價值理論中的多
> 元主義的根本。

相較之下，安德森認為我們以金錢為導向的做事方式，使
我們相信「自己真正在意的事情其實並不重要，做自己不是真
心相信的事情也沒關係，因為這樣可以創造物質財富，就算不

適合自己的個性，也沒關係，那只不過是過程中得付出的代價
而已。這種金錢導向的做法，無法提供我們了解核心基礎，而
且讓我們需要在面對自己的不同面貌時，產生令人不安的分
裂」。

接著她提到：

> 有價值的理想可說是五花八門，不是所有的理想都能
> 結合在單一生命之中，不同的理想可能需要培養相互
> 矛盾的優點，或是所追求的事物，必然會妨礙其他目
> 標的追求。人與人之間有不同的才能、氣質、興趣、
> 機會或人際關係，需要理性地適應或者堅持不同的理
> 想，因為理想會引導人們特別重視一些有價值的人事
> 物，他們會將對於個人特別重要的東西，從萬物中區
> 分出來。不同的人面對不相容的理想，會有不同的接
> 納方法，這也就說明了要每個人對同一件事採取相同
> 的態度，根本是說不通的，世上值得在意的有價值的
> 人事物遠遠超過任何一個人所關注的範疇。

對於價值的多元觀點，安德森稱之為「表現性的價值」
（expressive value），她介紹了一個嶄新的重要步驟：

> 不要一開始就想決定哪一個選項可以讓理想擁有最大
> 的結果，這個方法的第一步是要明白所適合的體制，

以及了解正確的表現規範和實際反應應該是什麼。

　　採取這樣的步驟，我們可以在自我和價值觀之間創造出更多的一致性。

　　「表現性理論對於自我認知提供了有條理的基礎，並說明自我完整性、理解關於內在價值和合適的行動和情感規範的一般直覺。」她寫道。

　　我們會根據我們的身分與地位，以及我們周遭規範所建議的是非對錯的行為模式來做決定，一般而言這是不錯的做法，這是人群與團體的差別，以及人們如何能夠以一種自我凝聚的方式生活。正是這股微妙而深刻的能量，使得財務利益最大化獨霸四方。

　　瓦爾澤和安德森的想法持續在我思緒中盤旋，有天我在紙上隨手畫畫時，靈機一動畫了張曲棍球桿的曲線圖，並看到一個未被探討的、關於個人利益的巨大領域。我思考了這一個未曾想過的空間，然後把圖表的座標軸拉長，用虛線分出四個方格，如同我在書中呈現的那樣。

　　在草圖旁邊我做了簡單的描述，我寫下：「超越短期目標」（Beyond near-term orientation）。這就是這張圖表所要表達的，要讓我們的眼界不只看見短期的目標，要看到超越現況之外的風景。

　　我再次注視著它，**超越短期目標**（BEyond Near-Term Orientation）。

　　剛好就是BENTO，這圖就是便當盒。

　　更多便當原則的內容，包括引導你建立自己便當格子的步驟，歡迎參訪以下網址：https://www.ystrickler.com/bento

延伸閱讀

本書受以下推薦書籍影響。

便當原則 Bentoism

伊莉莎白·安德森（Elizabeth Anderson）著，《倫理學與經濟學的價值》（Value in Ethics and Economics）。

麥可·瓦爾澤（Michael Walzer）著，《正義的領域：捍衛多元主義與平等》（Spheres of Justice: A Defense of Pluralism and Equality）。

想法如何運作 How Ideas Work

哈拉瑞（Yuval Noah Harari）著，《人類大歷史》（Sapiens: A Brief History of Humankind）。

約翰·希格斯（John Higgs）著，《KLF樂團：混亂、魔幻、燒毀百萬英鎊的樂團》（The KLF: Chaos, Magic, and the Band Who Burned a Million Pounds）。

約翰·希格斯（John Higgs）著，《比我們想像的還要奇怪：二十世紀另類歷史》（Stranger Than We Can Imagine: An Alternative History of the 20th Century）。

湯瑪斯·孔恩（Thomas Kuhn）著，《科學革命的結構》（The Structure of Scientific Revolutions）。

丹尼爾·羅傑斯（Daniel Rodgers）著，《斷裂的時代》（Age of Fracture）。

楊格（J. Z. Young）著，《科學的懷疑與確定：一位生物學家對大腦的反思》（Doubt and Certainty in Science: A Biologist's Reflections on the Brain）。

經濟學 Economics

羅格·布雷格曼（Rutger Bregman）著，《現實主義者的烏托邦：我們如何建造理想的世界》（Utopia for Realists: How We Can Build the Ideal World）。

大衛·格雷伯（David Graeber）著，《債的歷史：從文明的初始到全球負債時代》（Debt:

The First 5,000 Years）增訂版。

安妮・勞瑞（Annie Lowrey）著,《無條件基本收入》（Give People Money: How a Universal Basic Income Would End Poverty, Revolutionize Work, and Remake the World）。

瑪里亞娜・馬祖卡托（Mariana Mazzucato）著,《打造創業型國家：破除公私部門各種迷思,重新定位政府角色》（The Entrepreneurial State: Debunking Public vs. Private Sector Myths）。

瑪里亞娜・馬祖卡托（Mariana Mazzucato）著,《萬物的價值：經濟體系的革命時代,重新定義市場、價值、生產者與獲利者》（The Value of Everything: Making and Taking in the Global Economy）。

卡洛塔・佩雷斯（Carlota Perez）著,《技術革命與金融資本：泡沫與黃金時代的動力學》（Technological Revolutions and Financial Capital: The Dynamics of Bubbles and Golden Ages）。

湯瑪斯・皮凱提（Thomas Picketty）著,《二十一世紀資本論》（Capital in the Twenty-First Century）。

修馬克（E. F. Schumacher）著,《小即是美：一本把人當回事的經濟學著作》（Small Is Beautiful: Economics as If People Mattered）。

約瑟夫・史迪格里茲（Joseph Stiglitz）、阿馬蒂亞・沈恩（Amartya Sen）、讓-保羅・費圖斯（Jean-Paul Fitoussi）著,《對我們生活的錯誤測量：GDP為何增長而社會不見成長》（Mismeasuring Our Lives: Why GDP Doesn't Add Up）。

商業 Business

伊方・修納（Yvon Chouinard）著,《越環保,越賺錢,員工越幸福！ Patagonia任性創業法則》（Let My People Go Surfing: The Education of a Reluctant Businessman）。

菲爾・奈特（Phil Knight）著,《跑出全世界的人：NIKE創辦人菲爾・奈特夢想路上的勇氣與初心》（Shoe Dog: A Memoir by the Creator of Nike）。

麥可・路易士（Michael Lewis）著,《老千騙局》（Liar's Poker）。

松下幸之助著,《不只為了餬口》（Not for Bread Alone）。（譯註：本書在台灣沒有出版,作者所閱讀的版本,是從松下幸之助的幾本著作當中選出71篇有關企業經營智慧的文章,出處包括,《商売心得帖》、《経営心得帖》、《決断の経営》、《経営のコツここな

りと気づいた価値は百万両》）

丹尼爾・品克（Daniel H. Pink）著，《動機，單純的力量：把工作做得像投入嗜好一樣有最單純的動機，才有最棒的表現》（Drive: The Surprising Truth About What Motivates Us）。

財務獨立提早退休 Financial Independence Retire Early

克里斯・馬騰森（Chris Martenson）和亞當・塔加特（Adam Taggart）著，《繁榮！如何為未來做好準備，創造一個值得傳承的世界》（Prosper! How to Prepare for the Future and Create a World Worth Inheriting）。

醫學 Medicine

辛達塔・穆克吉（Siddhartha Mukherjee）著，《萬病之王：一部癌症的傳記，以及我們與它搏鬥的故事》（The Emperor of All Maladies: A Biography of Cancer）。

戴維・伍頓（David Wootton）著，《壞醫學：自希波克拉底以來，醫生帶來的傷害》（Bad Medicine: Doctors Doing Harm Since Hippocrates）。

延伸觀賞

亞當・柯蒂斯拍攝，《陷阱》（The Trap）、《探求自我的世紀》（The Century of Self）、《超級正常化》（HyperNormalisation）。

註釋

引言

8　**《中國日報》頭版**：我看到的《中國日報》頭條2017年10月27日刊登的。

12　**健全社會**：塔克‧卡爾森十五分鐘獨白於2019年1月3日在福斯新聞上播出。

13　**哈佛政治學院調查**：哈佛政治學院根據年輕人和資本主義所做的調查結果刊登在《時代》雜誌，2014年5月11日，〈美國資本主義大危機〉（American Capitalism's Great Crisis）。

第一章　一個簡單的想法

23　**根據Kickstarter發展出來的**：Kickstarter上線之前，音樂人Marillion 和吉爾‧索布（Jill Sobule）、ArtistShare、DonorsChoose、Fundable、Indiegogo、Sellaband都做過群眾募資或是類似的事情。

25　**「好像就該這麼做」**：擊掌的故事刊登於《ESPN》雜誌，2011年8月8日，〈擊掌的故事〉（History of the High Five）。

26　**就有機會辦得到**：我在網路高峰會的演講可以在YouTube看到，標題是〈抵抗與發展 ——Kickstarter共同創辦人，顏希‧史崔克勒〉（Resist and Thrive—Yancey Strickler, Co-Founder of Kickstarter）。

27　**「群眾募資」這個詞**：「群眾募資」是記者傑夫‧浩（Jeff Howe）在2006年創造的詞，Kickstarter不怎麼樂意採用這個詞，但似乎就沿用下來了。

29　**產品和合約條件**：那篇〈為什麼要選擇Kickstarter?〉是2009年4月29日的部落格文章。

31　**他要買第一本**：緬甸同學肯‧盾交給我二十元說他想買第一本。多謝肯。

31　**到2050年全球約會有一百億人口**：人口預測數字出自聯合國《世界人口展望》（UN's World Population Prospects）報告中的資料。

32　**他最後的用戶體驗計畫**：史蒂夫‧賈伯斯臨終遺言是由他的妹妹莫娜‧辛普森（Mona Simpson）所發表。2011年10月30日刊登在《紐約時報》，〈給賈伯斯 ——妹妹的悼詞〉（A Sister's Eulogy for Steve Jobs）。

32 **目前年紀等於只有十歲**：威爾‧麥卡斯基爾對於人類年紀的看法來自2018年的TED演講〈什麼是我們時代中最重要的道德議題？〉（What Are the Most Important Moral Problem of Our Time?），麥卡斯基爾也是有效利他主義（effective altruism）的運動發起人之一，這項運動是在尋求人們在生活中創造出最大化的利他效果。

第二章　不左轉原則

36 **零售市場策略**：我是在1994年的《大西洋》（The Atlantic）月刊上，讀到一篇有關都市零售商店計畫師勞勃‧吉布斯（Robert Gibbs）的文章，偶然看到這條「不左轉規則」。吉布斯告訴記者：「交通顧問才是那個拍板定案的人……他否決許多店面的開立，因此有終結者的稱號。」吉布斯在2012年出版的《都市零售規畫與發展原則》（Principles of Urban Retail Planning and Development）一書中也提及了這件事。吉布斯很親切地願意接受我的訪談，我問他「不左轉規則」運作上是否仍然奏效，他向我保證這個規則今日仍繼續左右著購物中心和店鋪的設立地點。

37 **凱斯‧桑斯坦所描述的**：凱斯‧桑斯坦在2008年和理查‧塞勒（Richard Thaler）合撰的《推力》（Nudge）一書中提及，停車場上畫的白線是一種隱藏的預設。

38 **原始設定則是沒有預設要捐贈器官**：器官捐贈比例的資料是出自2004年艾瑞克‧J‧約翰遜（Eric J. Johnson）和丹尼爾‧G‧戈德斯坦（Daniel G. Goldstein）〈原始設定與捐贈結果〉（Defaults and Donation Decisions）的研究。

38 **還是選擇保留會籍**：上健身房的會員比率出自《今日美國》（USA Today）報紙，2016年4月27日，〈成為健身房的會員是明智的投資嗎？〉（Is Your Gym Membership a Good Investment?）。

39 **選擇接收垃圾信件**：電子郵件的退訂比例出自電子郵件服務業者MailChimp網站，2018年3月的〈電子郵件行銷數據〉（https://mailchimp.com/resources/email-marketing-benchmarks）。

39 **施政滿意度調查結果**：國會議員施政滿意度以及連任比例出自政治互動中心。

41 **「水是什麼？」**：大衛‧福斯特‧華萊士的這個故事改述自他在凱尼恩學院（Kenyon College）的畢業典禮的演說〈這是水〉（This Is Water）。

42 **改變我們的行為模式**：丹尼爾‧康納曼和阿摩司‧特沃斯基的研究是收錄在《快思慢想》（Thinking, Fast and Slow）一書中。

42 **我們的思維**：艾瑞利在他2008年的《誰說人是理性的》（Predictably Irrational: The Hidden Forces That Shape Our Decisions）一書中寫到我們的情緒會影響我們的決定。

42　**62%美國人破產**：根據2009年刊登在《美國醫學雜誌》（American Journal of Medicine）上的報告，〈2007年美國醫療破產的全國性研究結果〉（Medical Bankruptcy in the United States, 2007），作者：大衛‧U‧希默爾斯坦（David U. Himmelstein）、黛博拉‧索恩（Deborah Thorne）、伊莉莎白‧華倫（Elizabeth Warren）及史黛菲‧伍汗德勒（Steffie Woolhandler），指出62%美國人是因為醫療的帳單而破產。

43　**享受日益龐大的獲利**：藥廠提高現有藥物價格的例子，包括注射腎上腺素（EpiPen）、胰島素（由三大製藥業者生產）及達拉匹林（Daraprim）。

43　**員工和未來沒那麼重要**：數據是根據美國財經頻道CNBC的報導，2018年公司花在股票回購的金額遠遠高於研發費用（2018年9月17日報導，〈企業因減稅政策而增加可運用資金，資本支出升至二十五年來的新高，而研發支出提高14%〉（Capital Expenditures Surge to 25-Year High, R&D Jumps 14% as Companies Spend Tax Cut Riches Freely））。

48　**合理的行為模式**：可參見J‧D‧威廉斯著作的《老謀深算的策略家：賽局理論入門》（The Compleat Strategyst: Being a Primer on the Theory of Games of Strategy）一書（第23頁）。

49　**這遊戲最理想的結果**：蘭德公司祕書的故事是取自道格拉斯‧洛西科夫（Douglas Rushkoff）著作的《影響生活的公司：統合主義如何征服全世界以及我們如何拿回主導權》（Life Inc. : How Corporatism Conquered the World, and How We Can Take It Back）一書以及亞當‧柯蒂斯的BBC紀錄片《陷阱》。

49　**合理的、應該要做的事**：賽局理論並非是字面上建議人們應該報警抓他們的朋友，這些策略在遊戲的範圍內運用是合理的，一旦人開始將現實世界當成賽局在玩，問題才會產生。

52　**遊戲應該要怎麼玩的暗示有多重要**：華爾街遊戲及社群遊戲的命名影響的研究是出自華達‧利柏曼（Varda Liberman）、史蒂芬‧M‧塞謬爾（Steven M. Samuels）及李‧羅斯（Lee Ross）三人的論文〈遊戲名稱：聲譽的預測能力對比不同場景中囚徒困境遊戲行為〉（The Name of the Game: Predictive Power of Reputations versus Situational Labels in Determining Prisoner's Dilemma Game Moves）。

第三章　為什麼全部都一樣

56　**熱門鄉村歌曲排行榜**：我是透過記者傑西‧里夫金（Jesse Rifkin）在2017年9月22日於邊際革命（Marginal Revolution）部落格上刊登的一封電子郵件，知道山姆‧杭特歌曲〈鄉間小路般的身材〉的現象。（https://marginalrevolution.com/marginalrevolution/2017/09/slower-turnover-songs-movies.html）

58　**廣播電台公司的判斷**：瑞秋·M·史迪威（Rachel M. Stilwell）在2006年發表於《洛約拉洛杉磯娛樂法律評論》（Loyola of Los Angeles Entertainment Law Review）上的論文〈何謂公共？——誰的利益？——聯邦通信委員放寬對廣播電台所有權的管制將如何損害公共利益，以及我們能如何逃離這個泥沼〉（Which Public—Whose Interest—How the FCC's Deregulation of Radio Station Ownership Has Harmed the Public Interest, and How We Can Escape from the Swamp）（385頁）。

58　**十年前**：電台轉變的故事來自多方管道，包括《洛杉磯時報》（Los Angeles Times）（2001年由傑夫·里德（Jeff Leeds）所報導〈清晰頻道的主導地位阻擋了其他的銷售管道〉（Clear Channel's Dominance Obscures Promotions Conduit））、2006年非營利組織未來音樂聯盟（Future of Music Coalition）的論文〈虛假的前提、虛假的承諾：廣播業所有權合併的量化歷史〉（False Premises, False Promises: A Quantitative History of Ownership Consolidation in the Radio Industry）、前文所提及瑞秋·M·史迪威〈何為公共？——誰的利益？——聯邦通信委員放寬對廣播電台所有權的管制將如何損害公共利益，以及我們能如何逃離這個泥沼〉，以及蒙特利郡每日時報（Monterey County Now）的報導（2016年9月1日，〈在整合的時代，廣播的未來是未知的〉（In an Era of Consolidation, the Future of Radio Is Uncertain））。

59　**播的曲子**：是出自彼得·迪科拉（Peter DiCola）2006年的在未來音樂聯盟的〈虛假的前提、虛假的承諾：廣播業所有權合併的量化歷史〉論文內容。

60　**從50年代起，每年票房排名前十**：電影票房前十名中，續集、前傳、重啟、重拍的數量資料是源自於研究人員米麗安·加西亞（Miriam Garcia）為本書所做的分析。

60　**重拍、續集或改編**：這些數據是出自電影資料研究者史蒂芬·法洛斯（Stephen Follows）在2015年6月8日發表在部落格，篇名為〈好萊塢電影的原創程度？〉（How Original Are Hollywood Movies?）的文章（https://stephenfollows.com/how-original-are-hollywood-movies.）。

60　**買進電影製片廠的大量股份**：電影背景及公司合併資料出自電影史學者提姆·德克斯（Tim Dirks）在〈1980年代電影史〉（The History of Film: The 1980s）文中的研究（https://www.filmsite.org/80sintro.html）。

61　**專家接受美國廣播公司ABC採訪**：《跨越死亡線》（Deadline）電影剪輯師安妮塔·布希（Anita Busch）在接受ABC新聞採訪時，提到了電影拍攝續集的安全性（2017年5月，〈是什麼推動了電視和電影再次重啟、重拍、重演〉（What's Driving the Resurgence of Reboots, Remakes, and Revivals in TV and Film.））。

61　**想法和創意的多樣化漸漸消失**：拍攝電影續集的歷史背景是出自《1911至2010年間好萊

塢電影續集的歷史與形式》（The Hollywood Sequel: History and Form, 1911–2010）
一書的作者斯圖爾特·韓德遜（Stuart Henderson）。

63　比起十年前多了四百六十一家：銀行分行的成長資料是引自《華爾街日報》，2014年6
　　月6日，〈紐約市的那些銀行？都是我們的錯〉（All Those Banks in New York City? It's
　　Our Fault）一文。

63　不歡迎：漢克在2015年《紐約時報》的訃聞中，引用了他在2005年對《紐約觀察家報》
　　（New York Observer）的記者所說的言論。

64　每個月三百三十五美元飆升到三千五百美元：紐約租金的歷史資料是引自紐約不動產估
　　價師喬納森·米勒（Jonathan Miller）在紐約不動產公司的《埃利曼》雜誌（Elliman）
　　上發表的研究〈變動是這一世紀紐約房地產的常態〉（Change Is the Constant in a
　　Century of New York City Real Estate），及2011年10月17日《紐約時報》的報導
　　〈在以前無論經濟榮衰，房屋出租仍受青睞〉（In an Earlier Time of Boom and Bust,
　　Rentals Also Gained Favor）。

64　二萬一千美元：洗衣店租金從七千美元漲到二萬一千美元的事蹟是出自《哈潑》雜誌，
　　2018年7月，〈一個偉大城市的逝去〉（The Death of a Once Great City）。

65　光在曼哈頓就有多少的銀行分行：這段文章中的所有數據皆取自城市未來中心的2017年
　　連鎖企業報告。

66　四角內褲發明者：約翰·瓦維托斯（John Varvatos）是四角內褲的發明者，也是高級時
　　尚服飾店的經營者，時裝店是早先CBGB龐克俱樂部的所在地。

66　全紐約連鎖店：紐約連鎖店崛起的資料是出自連鎖店狀態研究報告，該報告是2008年起
　　由非營利機構城市未來中心每年委託調查結果，紐約下東城有為數最多的連鎖店（與韓國
　　城息息相關），這些統計數字出自2017年連鎖店狀態報告。我曾與城市未來中心的主任
　　喬納森·鮑爾斯對話過，他對城市變遷的一些論述，成為本文的部分資訊。另外，雖然
　　不是直接的資料來源，耶利米·摩斯（Jeremiah Moss）的消失的紐約（Vanishing New
　　York）部落格及書籍內容，也對紐約的現況提供豐富的概述。

67　「加速折舊法」：有關購物中心興起的資料與稅金折舊的歷史，是源自歷史學家湯瑪
　　斯·漢切特1996年由美國歷史協會（American Historical Association）出版的論文，
　　〈美國稅收政策和1950年代及1960年代購物中心的榮景〉（U.S. Tax Policy and the
　　Shopping-Center Boom of the 1950s and 1960s）。我是在《紐約客》雜誌（The New
　　Yorker）中，看到麥爾坎·葛拉威爾（Malcolm Gladwell）的一篇關於購物中心歷史的
　　文章（2004年3月15日，〈水磨石叢林〉（the Terrazzo Jungle）），引用了這篇論文之
　　後才看到的。

68　「永久推遲納稅」：聯邦儲備系統（Federal Reserve economist）的經濟學家小威廉‧海默斯（William Hellmuth Jr.）在1955年〈折舊與1954年的國內稅收法〉（Depreciation and the 1954 Internal Revenue Code）論文中，提及稅法的改變等同於「永遠推遲納稅」。

68　1961年的《華爾街日報》：1961年7月17日《華爾街日報》，〈損失利潤〉（Profits in Losses）。

69　跌了77%：關於市中心零售活動下降的數據，是源自於前文所提到勞勃‧吉布斯的《都市零售規畫與發展原則》一書。書中指出「只花了一個世代的時間，購物中心重塑了美國四百多年的都市建築」，並指出「絕大部分，形式是取決於租金」。

69　原本的地方商店：根據1996年由托瑪斯‧穆勒（Thomas Muller）和伊莉莎白‧亨姆斯通（Elizabeth Humstone）二人為美國歷史儲存國民信託（The National Trust for Historic Preservation）所撰寫的研究〈沃爾瑪進駐之後，城鎮發生了什麼變化？愛荷華州三個社區以及愛荷華州七個縣的統計分析報告〉（What Happened When Wal-Mart Came to Town? A Report on Three Iowa Communities with a Statistical Analysis of Seven Iowa Counties）。

69　其他一萬二千家商店關門：源自經濟研究中心（Center for Economic Studies）2015年發表名為〈全國零售連鎖店的演進：我們如何走到現在這一步〉（The Evolution of National Retail Chains: How We Got Here）的論文，本文並提供連鎖企業的成長、規模與經營等相關背景。

69　回到當地社區：根據公民經濟機構（Civic Economics）2004年發表的安德森維爾的零售經濟研究（Andersonville Study of Retail Economics），在當地零售業者中消費的每一百元中會有六十八元在當地重新分配，而在連鎖店中的百元花費裡面只有四十三元會留在當地。

70　以前創業的人口：這是出自美國考夫曼基金會的「考夫曼創業指數」（Kauffman Index），該指數可研究出美國創業人口的比例，這些數據來自「創業密度」（Startup Density）指數。有關吸菸率下降的統計數據，是來自蓋洛普（Gallup）1940年代以來做的吸菸習慣的年度調查。1977年在蓋洛普的調查中，有38%的美國人吸菸，而在2015年只剩19%的美國人吸菸。

71　創業：資料根據2018年UPS商店的小型企業內部調查（2018 UPS Stores' Inside Small Business Survey），該調查報導於《今日美國》，2018年5月4日，〈調查結果：三分之二的美國人懷著要開一間小公司的夢想〉（Survey: Two-thirds of Americans Dream of Opening a Small Business）。

72　**成功創業的門檻越來越高**：關於連鎖店成長的資料是引自名為〈放大規模：零售連鎖店的增長及「大賣場」零售模式的興起〉（Supersize It: The Growth of Retail Chains and the Rise of the 'Big Box' Retail Format）的一份報告，由美國人口普查局的兩位官員基於四十年的企業規模擴張的人口普查數據撰寫的。此論文於2012年發表於《經濟與管理策略期刊》（Journal of Economics and Management Strategy），文中指出「直至1970晚期，消費者在非連鎖零售店的金額佔總消費額的一半以上，而（在2012年）消費者在連鎖商店中消費的金額超過總消費額的60%，這個比例是1954年的二倍。」上述的普查局的官員還為美國人口普查局的經濟研究中心寫了另一份報告，並成為資料來源之一，該份報告標題為〈全國零售連鎖店的演進：我們如何走到現在這一步〉（The Evolution of National Retail Chains: How We Got Here）。

72　**創業率也正在走下坡**：2018年由萊恩・德克爾（Ryan Decker）、約翰・哈提汪格（John Haltiwanger）、榮恩・賈明（Ron Jarmin）及賈維爾・米蘭達（Javier Miranda）所撰寫名為〈變化中的商業活力與生產力：衝擊力與反應力〉（Changing Business Dynamism and Productivity: Shocks vs Responsiveness）的論文，由美國全國經濟研究所（National Bureau of Economic Research）發表，在文中指出科技新創公司創業率正在走下坡的消息。

73　**購物中心都得關門**：根據一份2018年瑞士信貸的報告。2018年4月18日，〈傳統商店注定失敗的命運〉（Traditional Stores Are Doomed）。

73　**目睹鐵達尼號沉沒**：出自《時代雜誌》，2017年7月20日〈為何購物中心倒閉不僅影響購物而已〉（Why the Death of Malls Is About More Than Shopping）。

第四章　鯔魚頭經濟

76　**回收了34%的日常垃圾**：回收率出自美國國家環境保護局（Environmental Protection Agency）2015年最新的報告資料。

77　**回收物太髒或無法回收**：從多流回收變成單流回收的數據是出自《科學人》（Scientific American）雜誌。2013年9月，〈單流回收〉（Single Stream Recycling）。此外亦參考自《連線》（Wired）雜誌，2015年8月21日，〈美國你聽著：你需要再次學會怎麼好好回收〉（Listen Up America: You Need to Learn How to Recycle. Again）。

77　**變成另一個產品**：參考自容器循環再造研究所（Container Recycling Institute）2009年的文章，〈了解單流回收系統對經濟和環境的影響〉（Understanding Economic and Environmental Impacts of Single-Stream Collection Systems）。

77　**從美國運往中國的廢棄物中約有20%得丟棄**：有關中國新規定的資訊是參考《華爾街日

報》，2018年4月12日，〈在貿易紛爭中，回收物恐會丟到垃圾掩埋場〉（Amid Trade Feud, Recycling Is in Danger of Landing on Trash Pile）。

77 **不知道該怎麼處理這些回收垃圾**：費城外的廢棄物處理場涉嫌焚燒回收物的報導，出自《衛報》，2019年2月，〈算帳的時候到了：中國禁止回收物的進口，美國部分城市便燒掉回收物〉（Moment of Reckoning: US Cities Burn Recyclables after China Bans Imports）。

78 **「我們就是自己最大的敵人」**：根據《華爾街日報》的報導，2018年5月13日，〈回收資源曾受企業與環保人士的歡迎，現在卻是飽受批評〉（Recycling, Once Embraced by Businesses and Environmentalists, Now Under Siege）。

78 **財務利益最大化的理念**：1970年9月13日，米爾頓・傅利曼在《紐約時報》發表的文章〈企業的社會責任是要提高公司利潤〉（The Social Responsibility of Business Is to Increase Its Profits）。

80 **唯一的目標**：我所謂最大化階級的資料背景有幾個來源，其中最重要的是經濟學家威廉・拉佐尼克和瑪麗・奧沙利文（Mary O'Sullivan）的分析。2010年發於《經濟與社會》（Economy and Society）期刊上的一篇論文〈創造最大的股東報酬：公司管理的新意識形態〉（Maximizing Shareholder Value: A New Ideology for Corporate Governance）中，拉佐尼克和奧沙利文詳細說明了我所謂的財務利益最大化的來由。他們的研究發現，在1970年代早期這種新想法出現以前，企業採取的是「保留及再投資」（retain and reinvest）的模式，將其中利潤轉化為額外的服務、產品、薪資報酬和員工培訓。然而自1970年代開始，公司轉向採取一種「縮編規模和撤資」（downsize and divest）的策略，也就是減少員工數量，以增加高層主管和股東的獎金。他們所描述的做法就是我所謂那群最大化階級的行為。

80 **在現代史上**：內容出自達夫・麥克唐納（Duff McDonald）著作的《你所不知道的麥肯錫：決定企業成敗的祕密影響力》（The Firm: The Story of McKinsey and Its Secret Influence on American Business）一書。

82 **僅成長了9.2%**：過去薪資的資料是取自經濟政策研究所（Economic Policy Institute）2018年基於美國勞工統計局的數據，所發表的分析報告〈生產率薪酬差距〉（The Productivity-Pay Gap）。

83 **1979年至2016年間，最高收入族群的時薪報酬成長了27%**：根據經濟政策研究所的研究報告，〈2017執行長的薪資飛漲〉（CEO Compensation Surged in 2017）。

84 **預見會產生什麼後果**：美國未償還的信貸資料參考〈1943至2018年的美國聯邦儲蓄未償還消費者信貸〉（Federal Reserve's Consumer Credit Outstanding（Levels）1943–

2018）及美國家庭人口普查局的資料型態。

86　**水漲船高**：有關股票回購的背景資料是參考經濟學家拉佐尼克，在2010年布魯金斯學會
　　（Brookings Institution）的論文〈股票回購：從保留及再投資到縮小規模及分配〉
　　（Stock Buybacks: From Retain-and-Reinvest to Downsize-and-Distribute）以及他
　　2011年的論文〈從創新到金融化：股東價值的意識形態如何摧毀美國的經濟〉（How
　　Shareholder Value Ideology Is Destroying the US Economy）（發表於牛津大學出版社
　　《金融危機的政治經濟學手冊》（The Handbook of the Political Economy of Financial
　　Crises）的合輯）。其他的背景資料是參考自亞斯華斯・達摩德仁（Aswath Damoda-
　　ran）為美國個人投資者協會（American Association of Individual Investors）做的研
　　究〈股票回購：理解錯誤、分析錯誤及診斷錯誤〉（Stock Buybacks: Misunderstood,
　　Misanalyzed, and Misdiagnosed），還有一些數據是來自高盛（Goldman Sachs）分析
　　師斯圖爾特・凱撒（Stuart Kaiser）的研究報告。

88　**整體投資人**：1985年4月29日《財星》雜誌上刊登了卡洛爾・盧米斯（Carol J.
　　Loomis）的一篇文章〈藉由股票回購戰勝市場〉（Beating the Market by Buying Back
　　Stock），開宗明義強調股票回購。

90　**花在股票回購**：有關資金花在股票回購上及其他投資管道上的對比數據是參考自德勤
　　（Deloitte）公司，2017年11月，〈解讀企業的股票回購：是不是以投資作為代價？〉
　　（Decoding Corporate Share Buybacks: Is It at the Cost of Investment？）。

90　**擴展市場及提升影響力**：出自《金融時報》，2018年6月17日，〈中國在全球科技競賽中
　　拔得頭籌〉（China Is Winning the Global Tech Race）。

90　**勞工遭到裁員**：《紐約時報》，2004年8月2日，〈8.7%的資遣率是自1980年代以來的新
　　高〉（Layoff Rate at 8.7%, Highest Since 80's）。

91　**斥資六十六億美元進行毫無意義的回購**：參考自《紐約時報》，2016年3月25日，
　　〈雅虎回購股票，又是一個買入海市蜃樓的例子〉（In Yahoo, Another Example of the
　　Buyback Mirage）。

91　**超過六十億美元進行回購**：參考自CNN的報導，2018年10月30日〈西爾斯百貨本來可
　　以避免破產，卻浪費了六十億美元〉（How Sears Wasted $6 Billion That Could Have
　　Kept It out of Bankruptcy）。

91　**只擁有8%的股票**：參考自美國國家公共廣播電台（NPR）的報導。2017年3月1日，
　　〈在川普吹捧股票市場之時，許多美國人連說話的份都沒有〉（While Trump Touts
　　Stock Market, Many Americans Are Left Out of the Conversation）。

92 「在我們公司門都沒有。」：如同Axios新聞網的報導內容，2018年5月27日，〈高層主管們說，員工全面調薪這回事想都別想〉（Forget About Broad-Based Pay Raises, Executives Say）。該報導是有關達拉斯聯邦儲備銀行2018年5月24日到25日舉辦的名為「科技顛覆：對企業、勞動市場和貨幣政策的影響」（Technology-Enabled Disruption: Implications for Business, Labor Markets, and Monetary Policy）的一場活動。

93 拉佐尼克所言：拉佐尼克刊登《哈佛商業評論》，2014年9月號，描述股票回購是〈沒有榮景的利潤〉（profits without prosperity）。

93 無條件基本收入：如想要了解更多無條件基本收入相關的事，有兩本推薦的書，分別是魯格·布雷格曼（Rutger Bregman）的《現實主義者的烏托邦：如何建構一個理想世界》（Utopia for Realists）及安妮·勞瑞（Annie Lowrey）的《無條件基本收入》（Give People Money）。

93 光是為了進入職場找份工作，就已經背了一屁股債。：有關學生貸款的背景資料和相關數據參考全國廣播公司商業頻道（CNBC）2015年〈為什麼大學學位所費不貲？〉（Why Does a College Degree Cost So Much？）及2017年〈學生貸款金額在十年內躍升近150%〉（Student Loan Balances Jump Nearly 150 Percent in a Decade）的兩份報導。

95 選舉幾乎都是錢在決定結果的：托馬斯·佛格森（Thomas Ferguson）、保羅·喬根森（Paul Jorgensen）和陳傑（Jie Chen）於2015年撰寫此份報告，研究競選花費和選舉結果之間的關連性（〈從更多的證據來看金錢是如何推動美國國會選舉〉（How Money Drives US Congressional Elections: More Evidence）），由新經濟思維研究機構（Institute for New Economic Thinking）出版。

96 1982年那群拿錢辦事的友善立法人員修改法規才開放：在1982年，美國證券交易委員會（Securities and Exchange Commission）通過了10b-18法規，規定了股票回購的法定程序，因此股票回購的規則隨之改變。

97 可在各州設立分行：在1994年，隨著瑞格爾－尼爾跨州銀行與分行效率法案（Riegle-Neal Interstate Banking and Branching Efficiency Act）的通過，美國許多州都鬆綁了對銀行的管制。

97 法規鬆綁後不到十年：鬆綁銀行業務管制的主要法案是1999年的金融服務法現代化法案（Gramm-Leach-Bliley Act）。

99 一些重大的科技投資完成後：根據美國科學促進會（American Association for the Advancement of Science）的預算數據和分析，研發的投資金額佔聯邦預算從1970年將

近4%下降至2016年不到2%。

101 **拉爾夫‧高莫利表示**：商業圓桌會議的企業責任陳述的觀察一直是高莫利的工作之一，以能對最大化階級做更廣泛的記錄。在他個人的網站上（http://www.ralphgomory.com）可以參見商業圓桌會議之前所有的聲明文件。

102 **生產配銷的活動**：參考自瑪里亞娜‧馬祖卡托《萬物的價值：經濟體系的革命時代，重新定義市場、價值、生產者與獲利者》一書（160頁）。

103 **高層主管的薪資則飆升了1,000%**：高層主管薪資增長1,000%的統計數字出自《彭博商業週刊》（Bloomberg Businessweek），2018年8月，〈美國執行長的薪資飆漲，但引發怒火卻是男女薪資差距〉（American CEO Pay Is Soaring, but the Gender Pay Gap Is Drawing the Rage）。

第五章　陷阱

106 **結果是《哈佛商業評論》**：2015年10月號的《哈佛商業評論》的封面。

107 **美國大學生的態度**：洛杉磯加利福尼亞大學高等教育研究所的大一新生調查報告，從1966年開始調查至今，相關資料可上網查閱：https://heri.ucla.edu/publications-tfs/。

110 **逐年增加**：這是參考自瑪里亞娜‧馬祖卡托《萬物的價值：經濟體系的革命時代，重新定義市場、價值、生產者與獲利者》一書（167頁）。

111 **社會秩序**：這是引自亞當‧史密斯的另一部劃時代的著作《道德情操論》（The Theory of Moral Sentiments）中的第三章，該書於1759年出版。

112 **了解他們感覺如何**：人生目標的研究是由2009年由克里斯多福‧P‧尼米克（Christopher P. Niemiec）、理查‧M‧萊恩（Richard M. Ryan）和愛德華‧L‧德西（Edward L. Deci）三人所執行〈選定人生道路之後：在大學畢業後，實現內在和外在願望的結果〉（The Path Taken: Consequences of Attaining Intrinsic and Extrinsic Aspirations in Post-College Life）的調查分析。另一篇是由提姆‧卡瑟（Tim Kasser）和理查‧M‧萊恩所撰寫的論文（1996年3月號，〈進一步探討美國夢：內在目標與外在目標相關性的差異〉（Further Examining the American Dream: Differential Correlates of Intrinsic and Extrinsic Goals）），研究發現人們越關注外在價值（地位與金錢等），而不是重視內在價值（自我接納、歸屬感、人際關係）時，他們就會越不快樂。

113 **矽谷近期發展最快速的公司之一**：Zenefits的故事是刊登在2014年9月20日的《紐約時報》。

114 **督促公司要成長得更快**：十八個月後，《紐約時報》也報導了Zenefits的垮台。2016

年2月17日,〈Zenefits的醜聞突顯出新創公司高速成長的危險〉(Zenefits Scandal Highlights Perils of Hypergrowth at Start-Ups)。

115　他們的行為的確是出自理性的決策:安德魯‧梅森對酷朋團購網站評論的報導刊登在《紐約》雜誌,2018年10月號,〈酷朋團購網站超快速的崛起,更快速的崩壞〉(The Super-Quick Rise and Even Faster Fall of Groupon)。

117　血債血還:參考自《連線》雜誌,2018年2月5日的文章,〈Waymo大戰優步的訴訟,前任執行長崔維維斯‧卡蘭尼克成為眾矢之的〉(Waymo v. Uber Kicks Off with Travis Kalanick in the Crosshairs)。

117　干涉選舉:參考自《紐約時報》,2018年11月14日,〈拖延戰術、全面否認、轉移焦點:臉書領導人的危機處理方式〉(Delay, Deny, Deflect: How Facebook's Leaders Fought Through Crisis)。

120　唯有在這樣的情況下,商業和工廠才稱得上成功發展:松下幸之助的引言是摘錄自《不只是為了糊口》一書。

121　每週工作五天:有關松下電器改變成五天的工作制相關細節是取自松下官方的歷史沿革,而關於日本勞工規定的資訊則是出自我的岳父 S. J. Kim,他代我在日本研究這個主題。

第六章　什麼才真正有價值?

128　全球十大富豪:根據《富比世》(Forbes)2019年的億萬富豪名單。

128　每個月都付不起這些花費:是根據2018年聯合勸募ALICE計畫(譯註:ALICE是Asset Limited, Income Constrained, Employed的縮寫,指資產有限、收入拮据、就業中人口的縮寫)中的一份研究(2018年5月17日〈五千一百萬的美國家庭無法負擔基本開銷〉(51 Million U.S. Households Can't Afford Basics))。報告中說明「根據一份美國政府的資料分析,約有五千零八十萬的家庭,也就是43%的家庭無法負擔住房、食物、交通、孩童照顧、醫療保健、手機帳單等每個月的基本支出」。

129　做長期的規畫:舉例來說,根據美國人口普查局的一份報告(2015年9月,〈2014年的美國收入與貧窮狀況〉(Income and Poverty in the United States: 2014)),美國收入最高的前25%家庭的人,拿到學士學位的可能性,是收入最低25%的人的八倍。

131　和今日大不相同:我八十九歲的朋友諾埃爾‧奧謝羅夫(Noel Osheroff)(馬斯洛論文發表時她那年十三歲)告訴我,她從小就相信那些有錢或貪財的人是屬於下等階級,這顯示出他們沒有品味去體會生命重要的事物,這些人的價值觀不入流。她的記憶中直到

1980年代左右大部分的人都是這種心態，但後來態度開始有了變化。

131　**心理幸福感跟收入之間**：丹尼爾‧康納曼和安格斯‧迪頓（Angus Deaton）發表於 2010年9月號的《美國國家科學院院刊》（Proceedings of the National Academy of Sciences of the United States of America）的論文，〈高收入可改善生活品質但無法提高心理的幸福感〉（High Income Improves Evaluation of Life but Not Emotional Well-Being）。在文中揭示出七萬五千美元是一道界線，當人賺到更多的錢，他心中的幸福感只會提升到某一個臨界點，研究人員發現，在臨界點之後，情緒的幸福感增加速度會大幅下降。

132　**每十萬四千人只有一個警察保護**：如果人身安全像收入一樣分配，那專屬貝佐斯的私人警察人數算法如下，所有資料都是根據2019年2月的最新數據。
　　　　美國的淨值總額是一百二十三點八兆美元
　　　　前1%的財富總額是三十三點四兆美元
　　　　貝佐斯的財富總額是一千三百五十億美元
　　　　底層50%的財富總額是二千五百億美元
　　　　將這些比率轉換到美國警務人員的人數上：
　　　　美國的警務人員的總數是七十七萬五千人（根據網路上預估值）
　　　　提供前1%富人的警察人員總數是二十萬九千零八十七人
　　　　提供給貝佐斯的警務人員總數是八百四十五警察
　　　　提供給後50%窮人的警務人員總數是一千五百六十五警察，需要服務一億六千三百萬人（每十萬四千人只有一個警察保護）

135　**卡內基梅隆大學1969年的一項研究**：由愛德華‧德西進行這項研究實驗，他同樣是大學生人生目標研究的研究員，針對畢業後的學生進行調查。這份論文的主題是〈外部因素的獎勵對內在動機的影響〉（Effects of Externally Mediated Rewards on Intrinsic Motivation），並於1971年發表在《人類與社會心理學》（Journal of Personality and Social Psychology）雜誌。

137　**我們潛力就會增長**：在讀了《動機，單純的力量》中的一段文章後，我就一直在思考，丹尼爾‧品克介紹了心理學家米哈里‧契克森米哈伊（Mihaly Csikszentmihalyi）也就是《心流》（Flow）一書的作者。品克寫到：
　　　　在好幾年前（他想不起來具體時間），契克森米哈伊受邀前往瑞士的達佛斯，邀請他的是克勞斯‧史瓦布（Klaus Schwab），史瓦布每年都會在該城市為全球有影響力的菁英舉辦會議。與契克森米哈伊一同前往的還有芝加哥大學（University of Chicago）的另外三位教授蓋瑞‧貝克（Gary Becker）、喬治‧斯蒂格勒（George Stigler）和米爾頓‧傅利曼，這三位都是經濟學家，也都是諾貝爾獎得主。五個人一起享用了晚餐，在用完餐點之際，史瓦布問這些學者，他們認為經濟學中最重要

的議題是什麼。

「大出我意料之外，」契克森米哈伊提到，「貝克、斯蒂格勒和傅利曼三位最後都說了類似『有些東西消失不見了』的話。」儘管具備充分的解析能力，經濟學即使在商業環境中，也沒辦法對行為作出充足的解釋。

138 **從上面定義的**：正如庫茲涅茨向國會呈交的報告〈1929至1932年的國民收入〉（National Income, 1929–1932），1934年第七十三屆美國國會的第二次會議，參議院文件編號第一百二十四號第五頁。

139 **記錄的是金額，而不是為什麼**：GDP的相關資料是出自瑪里亞娜‧馬祖卡托的著作《萬物的價值：經濟體系的革命時代，重新定義市場、價值、生產者與獲利者》。

141 **打掃別人的家卻有產值**：根據麥肯錫研究院的報告，引用於安妮‧勞瑞著作的《無條件基本收入》一書。

142 **「衡量真正重要的事情」**：這是創投資本家約翰‧杜爾（John Doerr）的一本書名。

第七章　便當原則

151 **按照事物本質**：亞里斯多德對價值之引言出自《尼各馬科倫理學》（Nicomachean Ethics）。

155 **值得回頭去拿的**：導演昆汀‧塔倫諾《黑色追緝令》的拍攝劇本是在德國影迷的網站（pulpfiction.de）上找到的。

161 **比上一張更好聽**：除了《奇幻之旅》（Magical Mystery Tour）、《白色專輯》（The White Album）和《順其自然》（Let It Be）三張專輯。

164 **後來子彈沒找到**：美國總統詹姆斯‧加菲爾德遇刺案件的細節是參考《史密森尼雜誌》（Smithsonian magazine）上由吉爾伯特‧金（Gilbert King）寫的文章〈跟蹤總統〉（The Stalking of the President）；也參考莎拉‧沃維爾（Sarah Vowell）的書籍《暗殺假期》（Assassination Vacation）上的報導。

165 **醫療過程一直都令人害怕**：當我文中提到「醫藥」，我指的是西方醫藥。歷史背景的資料包括許多來源：歷史學家戴維‧伍頓著作的《壞醫學：自希波克拉底以來，醫生帶來的傷害》，這本無價之寶照亮了醫學長久以來的黑暗時代，另外還有辛達塔‧穆克吉著作的《萬病之王：一部癌症的傳記，以及我們與它搏鬥的故事》。這本優秀的鉅著對於一般醫學的歷史，特別是癌症的來龍去脈敘述得相當清楚。

167 **死於術後感染**：有關伊格納茲‧塞麥爾維斯、約瑟夫‧李斯特和那一個時期的相關資料是參考自許爾文‧努蘭（Sherwin B. Nuland）《洗手戰疫》（The Doctors' Plague:

Germs, Childbed Fever, and the Strange Story of Ignaz Semmelweis）一書，以及戴維‧伍頓著作的《壞醫學：自希波克拉底以來，醫生帶來的傷害》。

167　在二十世紀……而人類平均壽命幾乎多了一倍：根據美國疾病管制與預防中心（Centers for Disease Control and Prevention）的文章〈發病率和死亡率週報〉（Morbidity and Mortality Weekly Report）（1999年10月11日，〈公共衛生成就，1900到1999年：更健康的媽媽與寶寶〉（Achievements in Public Health, 1900–1999: Healthier Mothers and Babies））。

168　「科學的幻想」：出自戴維‧伍頓著作的《壞醫學：自希波克拉底以來，醫生帶來的傷害》。

170　更是一種競爭優勢：欲了解更多關於便當原則的哲學根基，在本書附錄中有收錄〈便當原則的起源〉一文。

第八章　愛黛兒巡迴演唱會

172　「人生這麼瘋狂」：愛黛兒的這句話是出自2015年12月11日一場挪威瑞典的談話節目Scavlan中的訪問。

173　從看重價值觀變成看重價值，這種轉變也改變了我們的觀點：產業人士對黃牛票的看法，出自《滾石》雜誌，2014年5月27日的文章〈售票大師的新轉售計畫是要服務歌迷，或傷害他們？〉（Is Ticketmaster's New Resale Program Helping or Hurting Fans？）。

173　可從中取得額外報酬：加拿大廣播公司的報導，2018年9月18日〈我被坑了：對售票大師哄抬價格的手段一窺究竟〉（I'm Getting Ripped Off: A Look Inside Ticketmaster's Price-Hiking Bag of Tricks.）。

173　聯手販賣的：《華爾街日報》，2009年3月，〈歌手和經紀人把演唱會門票藏起來、哄抬價格〉（Concert Tickets Get Set Aside, Marked Up by Artists, Managers）。

173　為了看場表演：產業人士對黃牛票的看法，是出自《滾石》雜誌，2014年5月27日，〈售票大師的新轉售計畫是要服務歌迷，或傷害他們？〉

174　不必透過黃牛購票：《大西洋》月刊報導了這次的合作，愛黛兒的歌迷購買門票省下了六百五十萬美元（2015年12月25日，〈愛黛兒槓上黃牛〉（Adele Versus the Scalpers））。

177　得分比較多的還是投三分球的隊伍：這張分析NBA投籃成效的圖是出自一篇名為〈量化NBA投籃成效〉（Quantifying Shot Quality in the NBA）的論文，作者為運動科技公司

Second Spectrum 的聯合創辦人張育漢（Yu-Han Chang），這間公司是為 NBA 球隊和 NBA 寫作者提供詳細的分析。該論文是 2014 年麻省理工學院斯隆體育分析會議（MIT's Sloan Sports Analytics Conference）中發表的論文，這項活動的其他主要人物包括約翰・霍林傑（John Hollinger）、柯克・哥士貝瑞（Kirk Goldsberry）、馬丁・曼利（Martin Manley）和達雷爾・莫雷（Daryl Morey）。

180 向其他藝人施壓，要求他們不可仿效愛黛兒的行為：同年稍晚，Songkick 對理想國提起聯邦反壟斷訴訟，指控這間票務巨鱷對 Songkick 採取不公平手段，包括只要有藝人使用 Songkick 的新工具，理想國就威脅禁止藝人在理想國場館進行演出。理想國最終支付 Songkick 一億一千萬美元和解，並獲得 Songkick 技術的專利。消息來源包括：《紐約時報》（2015 年 12 月 22 日，〈Songkick 提告理想國濫用市場力量〉（Songkick Sues Live Nation, Saying It Abuses Its Market Power））、《華爾街日報》（2015 年 12 月 22 日，〈Songkick 提告理想國及票務大師公司〉（Songkick Suing Live Nation, Ticketmaster））及《紐約時報》（2018 年 1 月 12 日，〈理想國提告票務大師，再併購它〉（Live Nation Settles Suit with Ticketing Startup, Buying Its Assets））。

182 口碑最好的速食店福來雞：福來雞速食店在 2018 年的美國顧客滿意度調查中被評為口碑最好的速食店。

182 一年損失超過十億美元：福來雞速食店因週日歇業造成的損失，是由一位 Quora 網站用戶麥克斯韋・阿諾德（Maxwell Arnold）根據該公司年度營業額計算後得出。

184 買到更奢華的包包：FIRE 族對錢鬍子先生的熱愛出自一篇 2013 年 2 月 22 日的一篇部落格文章〈成為有錢人：一篇部落格的文章讓你從狗熊變成英雄〉（Getting Rich: From Zero to Hero in One Blog Post）。

184 上流生活：那位出售 BMW 的女人，以及有些人收入不錯卻選擇簡樸生活的相關故事，摘自《紐約時報》，2018 年 9 月 1 日，〈如何在三十多歲能擁有一百萬美元而退休〉（How to Retire in Your 30s with $1 Million in the Bank）。

187 合法要求之下：班傑利冰淇淋公司多舛的命運詳實地記錄在布拉德・埃德蒙森（Brad Edmondson）著作的《冰淇淋社交：班傑利冰淇淋公司靈魂的掙扎》（Ice Cream Social: The Struggle for the Soul of Ben & Jerry's）一書中。另外《紐約時報》引用一位該公司投資者的話：「我們覺得很可怕，因為這間公司別無選擇，只能賣給出價最高的競標者，否則就等著挨告。」（2000 年 4 月 13 日〈班傑利冰淇淋公司面對聯合利華，展現鮮明的姿態〉（Ben & Jerry's to Unilever, with Attitude））。

187 法規基礎中：傑伊・科恩・吉爾伯特（Jay Coen Gilbert）、安德魯・卡索伊（Andrew Kassoy）和巴特・胡拉漢（Bart Houlahan）三人是美國公益公司（PBC）運動的創辦

人。這項工作始於2007年，那時這三個人辭去原本私募基金的工作，轉而提倡一種新的企業型態，專注於創造長期價值。到了2010年，美國出現第一個州將這種新的公司結構合法化。截至2018年，已有三十五州允許PBC的成立。Kickstarter、巴塔哥尼亞、美則公司（Method）等都是這類型的組織，並藉著它們的努力帶來好處，縮短了價值差距。

188 **消弭制度不平等的相關機構**：Kickstarter完整的公益章程可參見網站：https://www.kickstarter.com/charter。

188 **叫做「獨立創意人」的新網站**：獨立創意人可參見網站：http://www.thecreativeindependent.com。

189 **越環保，越賺錢，員工越幸福！Patagonia任性創業法則**：有關巴塔哥尼亞修復衣物計畫的資訊是參考自該公司的網站及《快公司》（Fast Company）商業月刊，2015年4月號，〈別扔掉那件夾克；巴塔哥尼亞的修復衣物計畫上路了〉（Don't Throw That Jacket Away; Patagonia Is Taking Its Worn Wear Program on the Road）。另外有關該公司政策的細節則是參考伊方・修納著作的《越環保，越賺錢，員工越幸福！Patagonia任性創業法則》一書。

189 **不會對環境產生負面影響**：巴塔哥尼亞的公益聲明請參見網站：https://www.patagonia.com/b-lab.html。

190 **然後要送給大家**：這個生物橡膠的事蹟是出自永續品牌（Sustainable Brands）的一份報導，〈巴塔哥尼亞分享名下的生物橡膠專利，以能推動衝浪服飾產業的永續發展〉（Patagonia Sharing Proprietary Biorubber to Advance Sustainable Surf Industry）。

191 **每天大量出廠**：伊隆・馬斯克在2014年6月12日在網站上宣布特斯拉有關專利的新政策「我們名下所有的專利權也是屬於你的」（https://www.tesla.com/blog/all-our-patent-are-belong-you）。

第九章　完美倒立的方法

198 **三十年，似乎就是改變的節奏**：我對三十年變化論的思考，最初是因為讀到湯瑪斯・皮凱提（Thomas Piketty）的《二十一世紀資本論》（Capital in the Twenty-First Century）而被啟發。特別是他對三十年間的1%成長率影響的論證。使用基礎會計和資金管理操作，皮凱展示出小小的變化會如何隨著時間推移加速改變。我就在想，**這難道就是我們周遭正在發生的狀況嗎？**當我開始透過這個角度來看世界，我開始相信「變化」就像皮凱提所提到的資本成長率一樣。運動、回收、有機食品、對同性婚姻的觀點、財務利益最大化增長，甚至是嘻哈文化，這些都是從微小的地方開始前進。但在三

十年後，它們已經成為一種新的常態，在成長的最後階段變得相當迅速。

201　**是持續不斷的過程**：曼海姆的文章〈世世代代的問題〉（The Problem of Genera-tions）中也間接提到三十年對「變化」來說是有意義的比率。在二十世紀早期西班牙哲學家荷西・奧德嘉・賈塞特（José Ortegay Gasset）也認為如此，他認為改變需要十五年的準備和十五年的行動。（此言根據他的學生朱利安・馬亞斯（Julián Marías）1970年的著作：《世世代代：歷史的方法》（Generations: A Historical Method）一書）。另外法國哲學家奧古斯特・孔德（Auguste Comte）在他十九世紀的文集《實證哲學及研究社會》（The Positive Philosophy and the Study of Society）中有同樣的看法，他發現法國歷史上三十年來許多重大變化的證據。而雪倫・歐佩爾・史高麗（Sharon Opal Scully）〈世代變化理論：一個至關重要的再評估〉（The Theory of Generational Change: A Critical Reassessment）的論文也是一篇很有幫助的概論。

200　**熟悉派對環境**：人人長命百歲的世界在想像畫面中就好像是天上人間一樣，但也有可能是相反的狀況。這世界的人們壽命越長，在這個舞台上跳舞的人就擁擠，掌權的一代無不會因為死亡的驟然降臨，而被迫從舞台離開。這可能會導致社會越趨保守，老一代掌握權力的時間拉更長，年輕一代的影響力就會變弱。

200　**四點三人出生**：出生率和死亡率出自美國中央情報局的世界概況（CIA's World Factbook）。

200　**都會是新加入的成員**：這個論點的基準是出自美國人口普查局的推估。2015年3月，〈美國人口規模與組成分子的推估：2014至2060年〉（Projections of the Size and Composition of the U.S. Population : 2014 to 2060）。

202　**他的方法比批評的人更禁得起時間的考驗**：約瑟夫・李斯特對即將上任的英格蘭國王的治療資料是出自Cemetery Club部落格，這個網站內容是由西敏（Westminster），一位名叫謝爾頓・K・古德曼（Sheldon K. Goodman）的導遊所撰寫，2016年2月29日，〈救了國王的人〉（The Man Who Saved a King），以及參考自烏爾里奇・特勒（Ulrich Tröhler）的論文〈1867年至1890年關於約瑟夫・李斯特手術消毒效果的統計資料與英國的相關爭論〉（Statistics and the British Controversy About the Effects of Joseph Lister's System of Antisepsis for Surgery, 1867–1890），此文刊登在2015年7月的《皇家醫學會誌》（Journal of the Royal Society of Medicine）。

202　**新知才會變成常規**：「改變」以「三十年」作為一種有意義的時間框架，同時被「週期理論」（cycle theories）的思路支持。無論它們是有關人類歷史上的經濟、社會或其他的歷史行為，這些都是重複模式理論。

舉例來說，歷史學家亞瑟・史列辛格（Arthur Schlesinger Sr.）的理論認為政權每隔十

五年便會左右兩方轉移。保守黨執政十五年間，進步黨在養精蓄銳，並予以反擊。他寫道：「每一世代進入政治圈的前十五年都在挑戰執政掌權的那一世代，之後的十五年，換成新一代掌權。接著他的權勢將會慢慢凋零，再由另一個新世代來取得權位。」

這些被寫在史列辛格於1939年所撰寫的〈美國政治潮流〉（Tides of American Politics）一文中，他以非常精確的方式把這個模型以時間軸的模式描繪成圖表。在他模型中指出羅斯福的新政，並預測了進步黨的1960年代及保守黨的1980年代。他的理論也預測了從1990年代開始十五年的進步黨執政。意味著最高法院對布希訴戈爾案的判決打破了模型，自此後造成世界混亂。如果高爾（Gore）能在2000年獲勝，就不會有伊拉克戰爭，中東也不會產生大規模流離失所的難民，川普和英國脫歐也可能不會發生。但這些算是題外話了。

還有更長期的週期理論。經濟學家約瑟夫‧熊彼得（Joseph Schumpeter）非常專注於他所謂的「長波理論」（Long Wave Theory），這是一種以六十年為週期的經濟成長與收縮的模式，它們以第一個觀察到的蘇聯經濟學家的名字命名，稱為康德拉季耶夫長波（Kondratieff Wave）。熊彼得和其他經濟學家發現，康德拉季耶夫長波與工業革命，再到汽車時代，再到網路通訊等重大創新同時出現證據。這些例子都是首先有三十年的基礎建設，像是鐵路建設、然後因為新技術的應用帶來第二個三十年的繁榮發展。另一個例子是網際網路的興起。

熊彼得理論中最有趣的是**發生技術性突破的時候**，這不會發生在順境的時候，會發生在匱乏的時期。理論是當不容易賺到錢的時候，人們會投資高風險長效期的東西。出於絕望和渴望，我們會轉向其他的領域，一旦我們這樣做，就會發現契機。

樂觀者認為運動、有機食品和資源回收都是康德拉季耶夫季浪的趨勢的一種。頭三十年會投入基礎建設和常態科學研究，接著三十年則會努力推動至最大值，建立新典範。

這領域中有另外兩個重要的資料背景來源，是湯瑪斯‧孔恩（Thomas Kuhn）的著作《科學革命的結構》（The Structure of Scientific Revolutions）及楊格（J. Z. Young）的著作《科學的懷疑與確定》（Doubt and Certainty in Science）。孔恩的書是非常優秀的著作，說明典範理論及「常態科學」—如何測試及建立新的觀察過程—創造出新的求知方式。生物學家楊格則生動且令人信服地詳細解釋了人類的大腦如何學習及獲取新知。意即從神經學的角度去了解我們為何成為現在的自己。

203　**軟爛美國人**：約翰‧甘乃迪1960年12月26日刊登在《運動畫刊》雜誌上的文章〈軟爛美國人〉。

204　**運動史**：參考自哈羅德‧津金的回憶錄《回憶肌肉海灘：身體開始硬起來》（Remembering Muscle Beach: Where Hard Bodies Began）。

204　**1960 年代的重訓**：是出自阿諾・史瓦辛格的 CNN 社論，2018 年 12 月，〈我如何努力恢復健康〉（How I Fought My Way Back to Fitness）。

204　**1968 年……在跑步的時候**：關於史壯・瑟蒙慢跑時被警察攔住的故事，以及慢跑日形成風氣的內容皆來自沃克斯新聞（Vox）中的文章。2015 年 8 月 9 日，〈在以前慢跑運動會被當成怪人〉（When Running for Exercise Was for Weirdos）。

205　**整整十倍之多**：參考自馬克・斯特恩（Marc Stern）的文章〈1960 至 2000 年的健身活動與健身中心產業〉（The Fitness Movement and the Fitness Center Industry, 1960–2000）。

208　**2000 年，一位飲料公司高層就說**：關於瓶裝水的引言是出自桂格燕麥公司當時的飲料部總經理蘇珊・惠靈頓（Susan Wellington）的話。同時彼得・格萊克（Peter H. Gleick）在《瓶裝和出售：我們熱愛瓶裝水的背後故事》（Bottled and Sold: The Story Behind Our Obsession with Bottled Water）書中重新論述。

208　**帶點淡淡哀傷**：《衛報》上刊登了倫敦設立新飲水機的事蹟，2018 年 3 月 25 日，〈倫敦第一台新的飲水機曝光〉（First of London's New Drinking Fountains Revealed）。

209　**那就困難許多了**：可能會有人反駁說，那麼川普呢？不然英國脫歐呢？這些不都是立即可以看見效果的例子嗎？當然是。但我也認為其中一些是屬於劇烈的變化，是在民眾身上進行改變，而不是在時間推移的過程中，經由人與人之間協商來改變。這種改變不是我們需要的。

210　**只不過是三十五年後的問題**：以撒・艾西莫夫對未來的預測刊登在加拿大《多倫多星報》（Star），2018 年 12 月 27 日，〈三十五年前，以撒・艾西莫夫受訪於《多倫多星報》時，預測 2019 年的世界，這就是他的撰述〉（35 Years Ago, Isaac Asimov Was Asked by the Star to Predict the World of 2019. Here Is What He Wrote）。

第十章　價值觀最大化階級

215　**從經濟需求的黑暗隧道裡走向光明**：約翰・梅納德・凱因斯有關資本主義本質的文字是出自 1930 年的文章〈我們子孫的經濟前景〉，此文收錄於凱因斯的著作《預言與勸說》（Essays in Persuasion）一書中。

216　**卻高出普通員工二百七十一倍**：出自《財富》雜誌的文章，2017 年 7 月 20 日，〈CEO 的酬勞：高層主管的收入是一般員工的二百七十一倍〉（CEO Pay: Top Execs Make 271 Times More Than Workers）。

216　**在 2018 年跌到第十七位**：參考自《美國新聞與世界報導》（U.S. News & World

Report）雜誌中的文章，〈生活品質〉（Quality of Life）2018年的評等。

218　**智利阿他加馬沙漠**：智利礦工的事蹟是來自美國全國公共廣播電台的報導（2014年10月
29日，〈從地底深處不可思議救出智利礦工的故事〉（The Incredible Story of Chilean
Miners Rescued from the 'Deep Down Dark'）），另外也參考赫克托·托巴（Héctor
Tobar）的書籍《重生奇蹟》（Deep Down Dark）及哈佛商學院的個案分析（2014年
10月由艾美·艾德蒙森（Amy C. Edmondson）、法齊亞·拉希德（Faaiza Rashid）和
赫曼·「達奇」·李奧納（Herman "Dutch" Leonard）共同撰寫，〈2010年智利礦工
獲救〉（The 2010 Chilean Mining Rescue））。

219　**一起找到倖存的方法**：強烈推薦修馬克（E. F. Schumacher）所撰寫的書籍《小即是
美》（Small Is Beautiful）中，提到我們的個人責任與集體責任之間的緊張關係，是另
一項值得注意的研究。他寫道：

> 這種二分法（個人和集體之間），在土地使用上最引人注意。即使農夫在生產過程
> 會破壞土壤和景觀（從消費者立場來看），最終可能造成土地人口減少和城市的擁
> 擠，但他們還是被簡單地認定為生產者，所以必須降低成本和用各種可能的設備提
> 高生產率。今日許多的農夫、園藝師、食品製造商和食品栽培者，他們從不考慮食
> 用自己生產的任何產品。他們會說：「還好我有錢可以買有機種植、沒有農藥的產
> 品。」當有人問他們怎麼不避免使用有毒物質，改用有機栽培時，他們卻回答他們
> 負擔不起。身為生產者所能負擔的，和身為消費者所能負擔的，是兩碼事。但既然
> 這兩個身分是同一個人，人類或者社會究竟能負擔得起什麼，這個問題引起了無止
> 盡的困惑。

關於這一點，另一個強而有力的說法是出自我在獨立創意人網站對影片製作人亞當·柯
蒂斯的一場採訪（2017年3月14日，〈亞當·柯蒂斯論自我表達的危險〉（Adam Curtis
on the Dangers of Self-Expression））。

> 如果你想使世界變得更好，你必須從失去力量的地方開始。這是很難看到。我們生
> 活在一個把自己看成獨立個體的世界中，如果你是一個獨立的個體，你就不會真的
> 從力量的角度去思考，你只考慮自己對這世界的影響。
> 這些你看不到的事情，以前的人比較能夠看到。當你在群體中，你可以變得非常強
> 大，可以改變很多事物。在群體中即使事情出了差錯，你也有信心可以解決，那是
> 你獨自一人時不會有的自信。這就是為什麼整個力量的概念都已經縮小了。我們被
> 鼓勵只談論自己和談論我們對其他事物的感覺，但卻不鼓勵我們把自己視為萬物的
> 一部分。
> 但電腦知道事實真相，它們把我們視為一個群體。我們彼此間其實差異不大，有相
> 同的欲望、野心，和恐懼。電腦透過相關性和模式發現了這個事實。
> 電腦能將人類視為一個大的群體，但電腦是很死板的東西，它把人類的聚集當作是

為了要推銷商品。事實上，電腦讓我們深切地認知到群體間共同認同的力量。沒有人善用這個特點。電腦讓我們看到了新的群體，也看到人與人之間產生的新的共同認同。

221　**一張白紙**：如果要透過引導，體驗做出自己的便當，請參閱網址：https://www.ystrickler.com/bento。

232　**是一種讓世界更快樂的使命**：出自松下幸之助的書《不只為了餬口》。

233　**二樓**：銀行會設立在二樓的主意是受蓋爾‧布魯爾（Gale Brewer）的啟發。2012年，作為紐約市的議員，她引入新的區域劃分法，限制銀行在曼哈頓的上東區可使用的店面面積。這導致銀行街道上的大門變小，轉而捨棄一樓，將銀行分行設在建築物的二樓。這個解決方法很有創意又很簡單。

242　**沒有世代影響的世界**：大衛‧休謨在1752年寫下《原始合約》（Of the Original Contract）。我在卡爾‧曼海姆的文章〈世世代代的問題〉中發現了休謨的研究。曼海姆寫道：

> 休謨表示假設人類世代傳承的模式完全變得像是蝴蝶或是毛毛蟲那樣，好讓舊的世代一次消失，新的世代馬上誕生。更進一步假設人有高度的心理發展，能夠理性地選擇最適合自己的政府型態。（當然這是休謨那個時代的主要問題。）在這樣缺少世代傳承的前提下，每一個世代自然能夠，也更適當的去重新選擇自己特有的國家模式。因為只有人類是一代接著一代不斷延續下去，所以每當一個人死了，其他人會出生取代他，我們發現必須要保持我們政府型態的傳承。休謨因此將政治的傳承性的原則轉化為生物世代的延續。

索引

A

愛黛兒 Adele, 14, 172-75, 178-81, 186, 193, 221, 235
彼得‧阿登尼 Adeney, Peter, 183
查爾斯‧安德樂 Adler, Charles, 21
斷裂的時代（羅傑斯）Age of Fracture（Rodgers）, 259
演算法 algorithms, 169
 平權 "affirmative" type of, 236
 投籃得分 for basketball scoring, 177-78
 忠誠度 loyalty-measuring, 174, 179, 235-36
 門票銷售 for ticket sales, 186, 285-86
亞馬遜網站 Amazon, 11, 70, 72, 128, 196
伊麗莎白‧安德森 Anderson, Elizabeth, 264-66
蘋果 Apple, 72, 90, 98, 230
丹‧艾瑞利 Ariely, Dan, 42, 272
亞里斯多德 Aristotle, 151
貝爾納‧阿爾諾 Arnault, Bernard, 128
阿帕網 ARPANET, 98
以撒‧艾西莫夫 Asimov, Isaac, 210-11
自動化 automation, 92-93, 210
自主 autonomy, 64, 66, 137, 159, 163, 236, 258
意識、覺知、遠見 awareness, 47, 76, 162, 185, 192, 222

B

達斯蒂‧貝克 Baker, Dusty, 25
金融界 banking industry, 11-12, 63-66, 97, 280, 292
披頭四 Beatles, 13, 28, 56, 161
班傑利冰淇淋公司 Ben & Jerry's, 187, 286
便當盒 bento box, 14, 146, 148, 156, 267
便當原則 Bentoism, 209
 例子 examples of, 175, 178-79, 183, 186, 191-93
 解釋 explanation of, 144-70, 220-21

294

曲棍球桿曲線 "hockey stick" graph of, 144-45, 220, 266

個人的 for individuals, 221-29

最大化階級的 for Maximizing Class, 233-37

組織的 for organizations, 229-33

起源 origins of, 258-67

價值觀螺旋 and values helix, 237-44

卡爾・伯恩斯坦 Bernstein, Carl, 28

傑夫・貝佐斯 Bezos, Jeff, 128, 132-33, 196, 283

聖經 Bible, 20, 122

大公司、大生意 big business, 58, 61, 70, 72-73, 101-2

告示牌熱門鄉村歌曲排行榜 Billboard Hot Country Songs chart, 56, 59, 73

大鳥博德 Bird, Larry, 176

麥克・彭博 Bloomberg, Michael, 128

鄉間小路般的身材（杭特）"Body Like a Back Road"（Hunt）, 56, 59, 73

伊莉絲・伯內特 Bohnet, Iris, 41

比爾・鮑爾曼 Bowerman, Bill, 204

強納森・伯爾斯 Bowles, Jonathan, 66

華倫・巴菲特 Buffett, Warren, 32, 88, 128

格倫・伯克 Burke, Glenn, 24-25

商業圓桌會議 Business Roundtable, 101

C

埃及開羅 Cairo, Egypt, 30

加拿大廣播公司 Canadian Broadcasting Corporation, 173

二十一世紀資本論（皮凱提）Capital in the Twenty-First Century（Piketty）, 287

資本主義 capitalism, 11, 13, 46, 72, 110, 134, 214, 263

塔克・卡爾森 Carlson, Tucker, 11

卡內基梅隆大學 Carnegie Mellon, 135, 283

特魯特・凱西 Cathy, S. Truett, 182

城市未來中心 Center for an Urban Future, 66

陳佩里 Chen, Perry, 21

卻斯特頓 Chesterton, G. K., 72

福來雞速食店 Chick-fil-A, 182-83, 186, 193, 286

智利 Chile, 218

中國 China, 8, 11, 77-78, 90

伊方・修納 Chouinard, Yvon, 189

清晰頻道通信公司 Clear Channel Communications, 58

氣候變遷 climate change, 162, 210

冷戰 Cold War, 46-47, 50, 124

社群主義 communitarianism, 236-37

社群 community, 14, 67, 152, 266

　　企業回饋 companies contribute to, 69, 233, 236

　　主導的價值觀 as governing value, 159, 163

　　重視的價值 highly valued, 10-12, 64, 66

　　追求的社群 in pursuit of, 179-181

公司、企業 companies

　　高速成長的 on hypergrowth path, 113, 115, 119, 258

　　公共服務 and public service, 78, 80, 120-21

　　意義為導向 purpose-oriented, 119

　　俗世的使命 secular missions of, 232-33, 237

　　股東為中心 share-holder centric, 102-4, 187

　　價值觀 values-minded, 182-83, 230-37

　　也參考特定名稱、特定主題 See also specific names; specific

競爭、競賽 competition, 52, 58, 71-72, 102-3, 117, 123, 170, 189-91, 217

《老謀深算的策略家》（威廉斯）Compleat Strategyst, The（Williams）, 48, 50

複利效應 compound interest, 12, 210, 214

《笨蛋聯盟》（涂爾）Confederacy of Dunces, A（Toole）, 28

帕克・康拉德 Conrad, Parker, 113-14

消費主義 consumerism, 11, 69, 138, 185, 206, 236

合作 cooperation/collaboration, 51-53, 121, 219, 233

獨立創意人 Creative Independent, The, 188-89, 291

創意 creativity

　　創造價值 and creating value, 29, 188, 193

　　備受重視 highly valued, 64, 66

　　投資 investment in, 22, 24, 27-32, 106, 188-89

　　創造利潤 and producing profits, 62, 151, 188

信用卡 credit cards, 84, 94

群眾募資 crowdfunding,21-31, 33, 271. 參考其他特定公司 See also specific companies

文化遺產 cultural heritage, 199

亞當・柯蒂斯 Curtis, Adam, 291

296

D

數據/數據科學 data/data science, 14, 115, 141, 168, 177-79, 235

決策 decision making, 47, 115

    影響其他人 affects other people, 145-46, 162

    便當原則 and Bentoism, 147, 151, 155-58, 226-30

    最棒的結果 best-case outcome for, 144, 170, 266

    受預設指引 guided by defaults, 41-42, 53-54

    賺錢的 and making money, 10-11, 42, 152

    最大化階級 of Maximizing Class, 81

    理性的 rational, 12, 151-52, 154, 156

    價值觀導向 values-driven, 12, 149, 156-57, 191-93, 229-30, 242

    也參考自主 *See also* autonomy

預設（隱藏的）defaults（hidden）

    便當格子 and bento box, 146-47

    解釋 explanation of, 37-43

    財務利益最大化 and financial maximization, 8, 40-45, 83, 102

    賽局理論 and game theory, 51, 53-54

    眼前利益最大化 and maximizing here/now, 154

    所謂的正常 set what's normal, 53-54

    價值觀 and values, 234, 242

預設（可見的）defaults（visible）, 40

國防高等研究計畫署 Defense Advanced Research Projects Agency（DARPA）, 98

法規鬆綁 deregulation, 96-97, 103, 280

商業界的顛覆 disrupting, in business, 106-7, 113-17, 121-22

市中心沒落 downtown, demise of, 66, 70, 73

《動機，單純的力量》（品克）*Drive*（Pink）, 135-37

藥物 drugs, 11, 42, 100, 273

愛爾蘭都柏林 Dublin, Ireland, 25

E

電子商務 e-commerce, 66, 179

〈我們子孫的經濟前景〉（凱因斯）"Economic Possibilities for Our Grandchildren"（Keynes）, 214-15

經濟 economy, 283

    衰退 downturn in, 79-80, 90-91, 138

    財務利益最大化 and financial maximization, *, 11, 89, 134

成長 growth of, 138, 168, 214-16, 289
鯔魚頭 "Mullet," 85-93, 96, 104, 128, 180
以股東為中心 shareholder-centric, 79, 86-93, 101-4
也參考國民生產毛額 See also gross domestic product（GDP）；以及股票回購 stock buybacks
教育 education, 43-45, 93-94, 129, 187-88, 217, 236, 282-83
電動車 electric cars, 190-91, 201
勞倫斯‧艾利森 Ellison, Larry, 128
情緒 emotions, 42, 122, 131-32, 215, 282-83
安隆公司 Enron, 97, 230
《打造創業型國家：破除公私部門各種迷思，重新定位政府角色》（馬祖卡托）Entrepre-neurial State, The（Mazzucato）, 97
創業精神 entrepreneurship, 70-72, 94, 97-100, 217, 264
環境問題 environmental issues, 31-32, 77, 189-91, 221, 232
Etsy 網站 Etsy, 232
「長青」模式 "evergreen" model, 236
運動 exercise, 12, 196, 203-5, 287, 289

F

臉書 Facebook, 71-72, 117, 128
公平 fairness, 10, 12, 14, 121, 160, 163, 175, 181, 215, 222, 236
家庭 family, the, 12, 14, 45, 108-9, 130, 145, 156, 159, 241
聯邦儲備 Federal Reserve, 68
達拉斯聯邦儲備銀行 Federal Reserve Bank of Dallas, 92
金融、財務 financial
　　危機 crises, 97
　　債務 debt, 84-85, 93-94
　　成長 growth, 14
　　不穩定 instability, 129, 131
　　安全 security, 10, 128-34, 158, 221, 225
財務獨立提早退休（FIRE 族）Financial Independence Retire Early（FIRE）, 183-86
財務利益最大化 financial maximization, 258
　　成為主流 becomes mainstream, 78-79, 82-84, 109, 198
　　反對的例子 case against, 129, 135, 137
　　主導 dominance of, 8-12, 14, 42-45, 46, 56, 92, 116, 123-24, 150-52
　　缺點 downsides to, 9-12, 64, 217, 220, 266

擺脫財務利益最大化的主導地位 ending its reign, 12, 31, 244

四個階段 four phases of, 102-4

成長 growth of, 9, 110, 140, 216, 287

超越財務利益最大化 moving beyond it, 180, 185-86, 226, 229, 232

常態化 normalization of, 109-10, 201

不是目標 not the goal, 25-27, 62

起源 origins of, 9, 14, 45-51, 278

優先 prioritizing it, 32, 82, 101-2

《金融時報》 Financial Times, 90

憲法第一條修正案 First Amendment, 57

珍‧芳達 Fonda, Jane, 205

美國食品和藥物管理局 Food and Drug Administration, 207

《財星》 Fortune, 88

福斯新聞 Fox News, 11

米爾頓‧傅利曼 Friedman, Milton, 78-80, 82, 102, 109, 124, 198, 278, 283

未來的我 Future Me

例子 examples of, 156, 184-86, 222-27, 231

解釋 explanation of, 149, 160-61, 226

價值螺旋 and values helix, 238-43

未來的我們 Future Us, 216

例子 examples of, 156, 186, 189-93, 221-26, 231

解釋 explanation of, 149, 161-63, 226-27

價值螺旋 and values helix, 238-39

G

賽局理論 game theory, 259, 273

合作 and collaboration, 51-53

社群遊戲 and Community Game, 52-53, 117

合情合理的概念 its notion of rationality, 48-54, 115-16

囚徒困境 and Prisoner's Dilemma, 47-53, 147-50, 218-19

獵鹿賽局 and Stag Hunt, 51-53

華爾街遊戲 and Wall Street Game, 52-54, 117

詹姆斯‧加菲爾德 Garfield, James, 164, 167, 197

比爾‧蓋茲 Gates, Bill, 128

世代 generational

改變 change, 14-15, 199-202, 205, 209-10, 287-89

影響 influence, 9, 170, 238-43, 292

慷慨大方 generosity, 18, 24, 137, 151, 192-93

拉爾夫・高莫利 Gomory, Ralph, 101

谷歌 Google, 71-72, 128, 141

經濟大蕭條 Great Depression, 90, 97, 138, 214

最偉大的世代 Greatest Generation, 211

恆毅力 grit, 152, 161-63

國內生產毛額 gross domestic product（GDP）, 11, 42, 102, 138-41, 217, 258

國內價值總值 gross domestic value（GDV）, 237

酷朋團購網站 Groupon, 115, 119

健身房 gyms, 12, 38, 204-5

H

托馬斯・漢切特 Hanchett, Thomas, 67

快樂 happiness. 參考金錢與快樂 See money: and happiness

《哈佛商業評論》 *Harvard Business Review,* 106-7, 116

哈佛商學院 Harvard Business School, 80, 110

哈佛政治學院 Harvard's Institute of Politics, 13

健康／健康保健 health/healthcare

　　破產 and bankruptcies, 42, 273

　　便當原則 and Bentoism, 222, 228

　　財務利益最大化 and financial maximization, 42-45

　　歷史 history of, 165-69

　　馬斯洛的需求層次 and Maslow's hierarchy, 129-30, 132

　　費用高漲 rising costs of, 128, 282

　　科技 and technology, 179, 235-36

　　三十年理論 and thirty-year theory, 12, 205, 208

　　也參考運動 *See also exercise*

卡洛斯・史林・埃盧 Helu, Carlos Slim, 128

擊掌 high five, 25, 124

希波克拉底 Hippocrates, 165

居住／住房 housing, 97, 128, 236, 282

大衛・休謨 Hume, David, 242-43, 292

山姆・杭特 Hunt, Sam, 56, 59, 73

I

收入 income, 138, 216, 282-83. 也參考薪資 See also wages
個人 individual, the, 13, 46, 291
不平等 inequality, 31, 93, 132, 188, 216, 262, 283
英特爾 Intel, 98
網路 internet, 104, 209, 289
　　控制 control over, 72
　　誕生 creation of, 12, 56
　　政府投資 gov. investment in, 98
　　零售商 retailers on, 69, 73, 91
蘋果手機 iPhone, 11, 72, 98, 185, 201

J

日本 Japan, 14-15, 47, 120-21, 146
工作 jobs
　　自動化 and automation, 92-93, 210
　　創造就業機會 creation of, 9, 214
　　薪水凍漲 and lack of raises, 82-85
　　大規模裁員 and mass layoffs, 80, 86, 90-92, 103-4
　　最高收入族群 and top earners, 83
史蒂夫・賈伯斯 Jobs, Steve, 32, 99
《慢跑》（鮑爾曼）Jogging（Bowerman）, 204
魔術強生 Johnson, Magic, 176

K

丹尼爾・康納曼 Kahneman, Daniel, 41, 131-32
崔維斯・卡蘭尼克 Kalanick, Travis, 117
約翰・甘迺迪 Kennedy, John F., 203-5
約翰・梅納德・凱因斯 Keynes, John Maynard, 214-216
Kickstarter 群眾募資平台 Kickstarter, 33, 133, 193
　　章程 charter of, 187-88
　　創意專案 creative projects of, 22-24, 29-31
　　創辦 founding of, 21-25, 258, 271
　　公益公司 as PBC, 22, 26-30, 119-20, 186-88, 287
　　股票回購 and stock buybacks, 87
　　贏得整體最佳新創公司 wins best award, 106

知識 knowledge, 39, 141, 236
　　世代更迭 and generational change, 199
　　主導的價值觀 as governing value, 162
　　高價值 high value of, 10, 12, 14, 44
　　新 new, 167, 222, 289
康德拉季耶夫波浪 Kondratiev waves, 289
西門・庫茲涅茨 Kuznets, Simon, 138

L

《刺胳針》 Lancet, The, 197, 202
威廉・拉佐尼克 Lazonick, William, 93
《越環保，越賺錢，員工越幸福！ Patagonia 任性創業法則》（修納）Let My People Go Surfing（Chouinard）, 189
麥克・路易斯 Lewis, Michael, 9, 176
《老千騙局》（路易斯）Liar's Poker（Lewis）, 9
人生目標 life goals
　　有意義的 meaningful, 107-10, 129-30, 221
　　意義為導向 purpose-oriented, 112, 137
　　財富為中心 wealth-centric, 107-10, 112, 124, 137
壽命 life span, 10, 32, 288
約瑟夫・李斯特 Lister, Joseph, 165, 167, 197-98, 202, 206
理想國 Live Nation, 179, 286
長期的規畫 long-term oriented, 129, 183-86, 193, 287. 也參考未來的我、未來的我們 See also Future Me; Future Us
愛 love, 10, 130, 134, 261
忠誠 loyalty, 49, 53, 147-48, 174-75, 179, 222, 233
喬治・盧卡斯 Lucas, George, 28

M

威爾・麥卡斯基爾 MacAskill, Will, 32, 271-72
卡爾・曼海姆 Mannheim, Karl, 199, 201, 287, 292
火星酒吧（紐約市）Mars Bar（New York City）, 63, 66, 233
亞伯拉罕・馬斯洛 Maslow, Abraham, 129-35, 137, 142, 158, 183, 193
安德魯・梅森 Mason, Andrew, 115
精益求精 mastery, 14, 137, 160-61, 163, 236, 260
松下幸之助 Matsushita, Konosuke, 120-22, 232

最大化階級 Maximizing Class, 94, 99, 182
 解釋 explanation of, 79-86, 278
 影響 influence of, 96-97
 價值觀 values of, 233-37
瑪里亞娜・馬祖卡托 Mazzucato, Mariana, 97-98, 100, 102, 110
企業管理碩士 MBAs, 80, 82, 110
麥當勞兄弟 McDonald brothers, 71
麥肯錫 McKinsey, 80, 116
衡量、量測 measurement
 忠誠度 of loyalty, 174-75, 179
 醫療領域 and medical field, 168
 非財務價值 for nonfinancial values, 235-36
 進步／成功 of progress/success, 42
 體壇 and sports field, 177-79, 198
 價值觀 and values, 179, 235
醫療 medicine, 179, 210, 236
 政府資助 gov. investment in, 98
 歷史 history of, 14, 164-69, 201-2
 三十年理論 and thirty-year theory, 198, 202
微軟 Microsoft, 90, 128
中產階級 middle class, 67, 83, 216
千禧世代 Millennials, 12-13, 184, 234
礦工 miners, 218-219
金錢 money, 151, 258, 282-83
 變得消極 as demotivating force, 135-37
 收益遞減 and "diminishing returns," 131-32
 支配 dominance of, 10, 215, 259-62, 264-65
 快樂、幸福 and happiness, 128, 131-32, 183-86
 重要性 importance of, 10, 129-34, 158, 186, 258
 投資 investment of, 26, 68
 唯一重要的事 is all that matters, 8-12, 26, 42-45, 79, 97, 103-4, 123, 157, 259
 賺到最多 maximizing it, 134, 141
 並非是目標 not the goal, 175, 180, 191
 限制影響力 restricting influence of, 181-83
 存錢 saving it, 183-86, 191
《魔球》（麥克・路易斯）Moneyball（Lewis）, 9, 176

壟斷 monopolies, 179, 217, 261

正派、道德 morals, 10, 44, 51, 192, 215

死亡率 mortality rates, 167-68, 202

電影 movies, 14, 22, 26, 56, 59-62, 65, 151, 153-156

「錢鬍子先生」部落格 *Mr. Money Mustache* blog, 183-84

音樂界 music industry, 21-22, 26, 30, 56, 58-59, 73, 179, 192, 285. 也參考愛黛兒 *See also Adele*

伊隆・馬斯克 Musk, Elon, 191

N

拉爾夫・納德 Nader, Ralph, 78

國家籃球協會（NBA）National Basketball Association（NBA）, 176-79, 198

短視近利 near-term thinking, 258, 266. 也參考現在的我、現在的我們 *See also* Now Me; Now Us

需求層次理論 needs, hierarchy of, 129-34, 137, 142, 158, 183, 193

社區 neighborhoods, 14, 26, 36, 63-66, 235

紐約市 New York City, 20-21, 63-66, 97, 132, 152, 206, 233, 292

《紐約時報》*New York Times,* 78-79, 82, 109, 113-14, 123, 184, 198, 278

耐吉 Nike, 204

《不只是為了餬口》（松下幸之助）*Not For Bread Alone*（Matsushita）, 120-21

吉安・紐潔姆 Noujaim, Jehane, 30

現在的我 Now Me, 216, 238

　　例子 examples of, 155, 185-87, 189-93, 218-19, 224-25, 231

　　釋義 explanation of, 148-50, 158-59, 163, 217-18, 227-28, 238

現在的我們 Now Us, 216, 221, 238

　　例子 examples of, 155, 175, 224-26, 231

　　釋義 explanation of, 148-50, 159-60, 163, 228

核軍備競賽 nuclear arms race, 47, 50

O

器官捐贈 organ donation, 37-39

有機食品 organic food, 207-9, 287, 289, 291

阿曼西奧・奧蒂嘉 Ortega, Amancio, 128

限制所有權 ownership limits, 56-59

P

賴利・佩吉 Page, Larry, 128

松下電器 Panasonic, 120-21

布蘭茲・帕斯卡 Pascal, Blaise, 260

路易・巴斯德 Pasteur, Louis, 167

巴塔哥尼亞 Patagonia, 22, 189-93, 221, 232, 287

《思想錄》(帕斯卡)*Pensées*(Pascal), 260

漢克・潘薩 Penza, Hank, 63

藥廠 pharmaceutical companies, 42-43, 99-100, 273

慈善事業 philanthropy, 22-23, 187-88

湯瑪斯・皮凱提 Piketty, Thomas, 287

丹尼爾・品克 Pink, Daniel, 135-37, 283

快樂、樂趣 pleasure, 158, 163, 204, 227, 264

政治 political

延續 continuity, 292

獻金 donations, 23, 80-81, 95-97, 99, 103

平等主義 egalitarianism, 260-61

選舉 elections, 39-40, 95-96, 113, 117

遊說 lobbying, 80, 96, 99, 99-101, 187

權力 power, 216-17, 263, 288-89

人口增長 population growth, 31-32, 200

利潤 profits, 58, 68, 77

分配 distribution of, 86-93, 103-104

增加 increasing them, 59, 91-92, 102, 236

投資 investment of, 90, 100, 214, 235, 278

最大化 maximizing them, 42, 46, 79-82, 92-93, 191

使命／價值 and missions/values, 237

並非唯一的目標 not the only goal, 231-32, 234

優先 prioritizing them, 43, 46, 61-62, 66, 78-79, 91-92, 101-2, 124, 151, 186-87

優點 virtue of, 79-80, 102, 120-21, 198

繁榮、富裕 prosperity, 11, 69, 93, 120-22, 216, 232-33

《心理學評論》*Psychological Review,* 129

公共 public

利益 interest, 58, 78, 99

服務 service, 79-80, 120-21, 235-36

服務 services, 217

公益公司 public benefit corporations（PBCs）, 22, 119-20, 186-90, 230, 287
《黑色追緝令》 *Pulp Fiction,* 153-56, 169
目的 purpose, 14
　　公司目標 and company goals, 119-20, 237
　　做決定 and decision making, 12
　　作為主導的價值觀 as governing value, 160, 162, 222
　　作為人生目標 as life goal, 109, 112, 137

R

研發投資 R&D investment, 43, 89-90, 99, 280
廣播電台產業 radio industry, 56-59, 62, 87, 103-4
蘭德公司 RAND Corporation, 47-50, 115, 147-50, 169, 259
合理的行為 rational behavior
　　賽局理論 and game theory, 48-54, 115-16, 147-50
　　欲望最大化 and maximizing desires, 135, 154
　　模式 model of, 48-50
　　金錢以外的價值 and nonfinancial values, 137, 163, 259
　　也參考做決定：合理的、自我利益：合理的 *See also* decision making: rational;
　　self-interest: rational
房地產產業 real estate industry, 63-70, 94, 97, 235-36
資源回收 recycling, 76-78, 206-7, 287, 289
宗教信仰 religious faith, 11, 14, 20-21, 160-61, 191
零售 retail
　　連鎖店 chain stores of, 64-66, 69-73, 81, 91, 103, 217, 275-76
　　購物中心 and malls, 14, 67-70, 73, 275-76
　　不左轉原則 and "no-left-turn rule," 36-37, 39, 72-73, 272
　　小公司、小型企業 and small businesses, 64-66, 73, 81, 217, 276
　　也參考市中心：沒落、網路：零售商 *See also* downtown, demise of; internet:
　　retailers on
退休 retirement, 183-86
丹尼爾・羅傑斯 Rodgers, Daniel, 259
典範人物、楷模 role models, 110-13, 121-22
《滾石》雜誌 *Rolling Stone,* 173
執政者／統治階級 rulers/ruling class, 11-14, 31, 123, 162, 263
俄羅斯 Russia, 117. 也參考蘇聯 *See also* Soviet Union

S

安息日 Sabbath, 181-83

安全 safety, 10, 78, 129-30, 132, 138, 193, 222

亞瑟‧史列辛格 Schlesinger, Arthur Sr., 289

阿諾‧史瓦辛格 Schwarzenegger, Arnold, 204

科學 science, 57, 162, 289

    政府投資 gov. investment in, 98, 100

    高價值 high value of, 43-44

    賺錢 and making money, 81, 151

    醫療界 and medical field, 201-2

西爾斯百貨 Sears, 91, 104

安全、安心 security, 12, 158, 163, 183, 193, 283. 也參考財務安全 See also financial security

一致、順應自我核心價值 self-coherence, 191-92, 221, 229, 234, 244, 266

自私自利、個人利益 self-interest

    影響他人 affects other people, 145-46, 148

    有益社會 benefits society, 45-46, 50

    更寬廣的概念 broader notion of, 145-46, 150-51, 175, 244

    財務利益最大化 and financial maximization, 146, 216

    曲棍球桿圖 and "hockey stick" graph, 145-46, 150-51, 175, 244

    最大化 maximizing it, 50-51, 144-45, 147-50, 154

    超越 moving beyond it, 217

    合理的 rational, 135, 145-47, 150-52, 163, 180, 186, 244 也參考賽局理論 See also game theory

自我價值 self-worth, 111-13, 129-32

伊格納茲‧塞麥爾維斯 Semmelweis, Ignaz, 166-68

服務品質變糟 service, poor level of, 80, 86, 104

股東 shareholders, 22, 43, 196

    創造最大報酬 maximizing returns for, 90-92, 187

    股票回購 and stock buybacks, 86-90 也參考經濟：股東至上 See also economy: shareholder- centric

矽谷公司 Silicon Valley companies, 22, 113-15, 117

《矽谷群瞎傳》HBO 影集 Silicon Valley HBO series, 114-15

亞當‧史密斯 Smith, Adam, 12, 45-46, 50, 110, 150, 168

約翰‧斯諾 Snow, John, 168

社會的 social

責任 responsibility, 79, 101, 120-22, 124, 198

服務 services, 45, 132, 214

社會 society, 33, 111

   傳承 continuity of, 241-43

   財務利益最大化 and financial maximization, 10, 217

   擺脫支配的挾制 free from domination, 261-63

   世代更迭 and generational change, 199-202, 210-11

   正面的利益 positive benefits for, 22, 44

   價值 and values, 44, 228, 230

   財富為主 wealth-centric, 9, 26, 45, 154

演唱會售票業者 Songkick Songkick, 174-75, 179, 286

蘇聯 Soviet Union, 47, 50, 289

西班牙 Spain, 214

專屬性 specificity, 168-69, 179

《正義的領域：捍衛多元主義與平等》（瓦爾澤）*Spheres of Justice: A Defense of Pluralism and Equality*（Walzer）, 259

運動產業 sports industry, 176-79, 191-92, 198

《茉莉之春》*Square, The*, 30

史丹佛大學 Stanford, 80

《星艦迷航記：銀河飛龍》*Star Trek: The Next Generation,* 13

《星際大戰》*Star Wars,* 28

新創公司 start-ups, 70-72, 94, 98-99, 106, 113

現況 status quo, 24-25, 94, 100, 117, 179

股票回購 stock buybacks, 43, 86-93, 96, 104, 280

學生 students

   人生目標 life goals of, 107-10, 112

   貸款／債務 loans/debts of, 93-94

   財富擺第一 prioritize wealth, 107-10, 124, 198

成功 success, 42, 111-16, 119-20

凱斯・桑斯坦 Sunstein, Cass, 37

永續性 sustainability, 14, 162-63, 185, 189, 191, 232

泰勒絲 Swift, Taylor, 192-93

T

昆汀・塔倫提諾 Tarantino, Quentin, 154. 也參考《黑色追緝令》*See also Pulp Fiction*

塔吉特 Target, 69, 72

稅 taxes, 87, 121, 187, 217
    避稅 avoidance of, 67-69, 80, 96, 98
    減稅 cuts in, 81, 99-100
    提高稅收 increasing them, 93
    避稅天堂 shelters for, 100, 217
道明銀行 TD Bank, 63, 66, 233
科技 technology, 26, 162, 214
    演算法 and algorithms, 174-175, 177-79, 286
    創業精神 and entrepreneurship, 70-72
    世代更迭 and generational change, 201
    醫療保健 and healthcare, 167-169, 179
    投資 investment in, 22, 29, 98-100, 289
    革新 shifts in, 32
科技公司 technology companies, 90, 117. 也參考特定名稱 *See also specific names*
電視 television, 61-62, 104, 114-15, 176, 201, 203, 206
特斯拉 Tesla, 190-93
〈人類動機的理論〉（馬斯洛）"Theory of Human Motivation, A"（Maslow）, 129-34
三十年理論 thirty-year theory, 12-13, 197-98, 205, 208-209, 234, 287-289
亨利・大衛・梭羅 Thoreau, Henry David, 185, 207
三分球 three-point shot, 14, 176-79, 186, 191, 198, 209
史壯・瑟蒙 Thurmond, Strom, 204
黃牛票 ticket scalpers, 172-75, 180
票務大師售票系統 Ticketmaster, 173
約翰・甘迺迪・涂爾 Toole, John Kennedy, 28
傳統 tradition, 12, 14, 41, 44, 159-60, 163, 182, 224, 241
車流、交通 traffic, 36-37, 236, 272
唐納・川普 Trump, Donald, 11, 289
阿摩司・特沃斯基 Tversky, Amos, 41-42
推特 Twitter, 106, 141
2050年 2050（the year）, 8, 12-13, 31, 209-10, 233-34

U

優步 Uber, 106, 117
洛杉磯加利福尼亞大學 UCLA, 107, 110
工會 unions, 83, 96, 181
羅徹斯特大學 University of Rochester, 112

美國國會 US Congress, 138
　　法規鬆綁 deregulation bills of, 280
　　選舉 election of, 39-40, 95-96
　　限制擁有權 and ownership limits, 57-58
　　房地產產業 and real estate industry, 68
　　學貸 and student debt, 94
美國政府 US government
　　財務利益最大化 and financial maximization, 43, 96-97
　　資助科技研究 funds tech research, 98-100
　　修改法規 and regulatory changes, 97, 103, 280
　　美國眾議院 US House of Representatives, 39-40, 96

V

價值 value
　　更寬廣的定義 broader definition of, 10-12, 14-15, 221, 244
　　創造 creating it, 221, 232-33, 237, 287
　　金錢 financial, 137-42, 150-52, 160, 163, 169, 172, 185-88, 258-59
　　增長 growing it, 12, 235-37
　　新的樣貌 new forms of, 177-83, 186, 193
　　非財務 nonfinancial, 163, 232, 237, 259
　　多元概念 pluralistic notion of, 259-66
增值信用貸款 value-added credit（VAC）, 235
《倫理學與經濟學的價值》（安德森）*Value in Ethics and Economics*（Anderson）,
264-66
價值觀 values, 9-10, 14-15, 147, 161
　　更寬廣的定義 broader definition of, 150-52, 169-70, 186, 221, 259
　　螺旋 helix of, 237-44
　　重要性 importance of, 140, 142, 170
　　使命導向 mission-based, 232-233
　　非財務、金錢以外的 nonfinancial, 31, 137, 187-89, 193, 234-35
　　最大的發揮了、淋漓盡致 optimization of, 175, 180-81, 183
　　優先 prioritization of, 64, 67, 221-22, 228
　　合理的 rational, 234-35
　　改變、轉變 shifts in, 67, 209, 217, 237, 243-44
　　忠於自我 staying true to, 149, 155-58, 161
　　與價值的差別 versus "value," 137-42, 152, 173, 258-59 也參考便當原則：特定的價值

觀 *See also* Bentoism; *specific values*
《綜藝》雜誌 Variety,61
創投基金 venture capital funds, 114, 119-20
越戰時期 Vietnam War era, 78, 124
《村聲》*Village Voice,* The, 20-21

W

薪資、薪水 wages, 43, 221
　凍漲 freezing them, 80, 86, 91
　成長 growth in, 216-18
　趨緩、停滯 stagnation in, 82-84, 91, 94, 103, 216, 282
　最高收入族群 for top earners, 83, 103-4, 216, 278
湯姆・威茲 Waits, Tom, 173
《湖濱散記》（梭羅）*Walden*（Thoreau）, 185, 207
華爾街 Wall Street, 9, 102, 237
《華爾街日報》*Wall Street Journal,* 68, 173
大衛・福斯特・華萊士 Wallace, David Foster, 40
沃爾瑪 Walmart, 69, 71-72, 207
麥可・瓦爾澤 Walzer, Michael, 259-64, 266
《華盛頓郵報》Washington Post, 28
水（瓶裝）water（bottled）, 207-8
財富 wealth
　人人都有錢賺 for all, 216-18
　更寬廣的定義 broader definition of, 120-22
　目的 it's the point, 9-12
　凱因斯 Keynes on, 214-16
　作為人生目標 as life goal, 108-10, 112-13, 198
　限制了我們的潛力 limits our potential, 134-37
　財富至上 prioritizing it, 141
　生活品質 and quality of life, 128-29
　典範人物 role models for, 110-13
　金字塔頂端那 1% 最有錢的 of top 1 percent, 96, 283
　金字塔頂端 10% of top 10 percent, 86, 91, 103
　不平等的分配 unequal distribution of, 132, 216
　《國富論》*Wealth of Nations,* The, 45-46, 168
　網路高峰會 Web Summit conference, 26-27, 258

馬克斯‧韋伯 Weber, Max, 54
華頓商學院 Wharton, 80
維基百科 Wikipedia, 141, 188
J‧D‧威廉斯 Williams, J. D., 50
鮑勃‧伍德沃德 Woodward, Bob, 28

Y

雅虎 Yahoo, 91, 104
耶魯大學 Yale University, 203
YouTube, 73
《電子情書》You've Got Mail, 65

Z

Z世代 Z generation, 12-13, 234
Zenefits, 113-14, 119
哈羅德‧津金 Zinkin, Harold, 203-4
馬克‧祖克柏 Zuckerberg, Mark, 71, 117, 128

US 001　**我們的未來：獻給一個豐饒世界的宣言**
This Could Be Our Future:
A Manifesto For A More Generous World

作　　者　顏希・史崔克勒（Yancey Strickler）
譯　　者　沈志安
選 書 人　胡舜元
責任編輯　蔡毓芳
文字協力　林瑾俐、李家瑜、黃家鴻
美術設計　張福海
美術協力　張福海、郭宇芳

總 經 理　伍文翠
出版發行　福智文化股份有限公司・知田出版
　　　　　地址 / 105407 台北市八德路三段 212 號 9 樓
　　　　　電話 / (02) 2577-0637
　　　　　客服信箱 / serve@bwpublish.com
　　　　　心閱網 / https://www.bwpublish.com
排　　版　華漢電腦排版有限公司
印　　刷　富喬文化事業有限公司
總 經 銷　時報文化出版企業股份有限公司
　　　　　地址 / 333019 桃園市龜山區萬壽路二段 351 號
　　　　　服務電話 / (02)23066600 # 2111
初版一刷　2022 年 3 月
定　　價　新台幣 480 元

ISBN　978-626-95778-0-4

我們的未來 : 獻給一個豐饒世界的宣言 / 顏希 . 史崔克勒
　（Yancey Strickler）著 ; 沈志安譯 . -- 初版 . -- 臺北市 :
　知田出版 , 福智文化股份有限公司 , 2022.03
　　面；　公分 . -- (Us ; 1)
　譯自 : This could be our future : a manifesto for a
　　more generous world

ISBN 978-626-95778-0-4 (平裝)

1. CST: 價值觀　2. CST: 社會發展　3. CST: 未來社會

541.43　　　　　　　　　　　　　　111001585